Hanshan

Gedichte vom Kalten Berg

雲山
耕雲

Hanshan

Gedichte vom Kalten Berg

Das Lob des Lebens im Geist des Zen

Aus dem Chinesischen
übersetzt und kommentiert
von Stephan Schuhmacher

arbor

Arbor Verlag

Widmung

Den drei Wolken gewidmet,
neben denen ich für eine kleine Weile
durch das weite Firmament ziehen durfte:
Yasutani Hakuun Rôshi, die „Weiße Wolke“,
Yamada Kôun Rôshi, die „Beackernde Wolke“
und Brigitte D’Ortschy Kôun-an Chikô,
die „Leuchtende Wolke von strahlender Weisheit“.

Stephan Schuhmacher

1 2 3 4 5 Auflage
01 02 03 04 05 Erscheinungsjahr

Frontispiz: „Hanshan“,
Kalligraphie des japanischen Zen-Meisters
Yamada Kôun Rôshi (20. Jh.) für diese Übersetzung.

Druck und Verarbeitung: Kösel, Kempten

www.arbor-verlag.de

ISBN 3-924195-71-4

Einführung

Ich wohne auf dem Berg,
Niemand der mich kennt.
Zwischen Weißen Wolken
Bin ich immer allein.
HANSHAN

„Niemand weiß, woher Hanshan kam.“ Mit diesen lapidaren Worten beginnt das chinesische Vorwort zum *Hanshan shi*. Die „Gedichte vom Kalten Berg“, ihr Autor sowie der angebliche Herausgeber und Verfasser des Vorwortes sind von einem Nebel historischer Ungewißheit, inhaltlicher Widersprüche und populärer Legendenbildung umgeben.

Die Gedichte des Hanshan haben keine Überschriften, welche Hinweise auf Ort und Zeit ihrer Entstehung geben. Und auch der Inhalt selbst der autobiographischen Gedichte läßt nicht mehr als eine recht grobe Lokalisierung in Zeit und Raum zu. Es hat den Anschein, als halte der Dichter seine Herkunft und die näheren Umstände seines Lebens absichtlich im Dunkel, um mit solch oberflächlichen und rein privaten Details nicht die Allgemeingültigkeit und Zeitlosigkeit seiner Verse zu verschleiern. Denn auch wenn Hanshan, vor allem in den frühen Gedichten, fast ausschließlich mit den Höhen und Tiefen seines eigenen Lebenswegs beschäftigt ist, sind diese Gedichte doch immer auch Ausdruck eines Schicksals, dessen Grundstrukturen nicht nur für das Leben mancher Zeitgenossen des Hanshan, sondern auch für das zahlloser nach Wahrheit Suchender durch die Jahrhunderte charakteristisch sind.

Das Vorwort zum *Hanshan shi* ist, entgegen der chinesischen Gepflogenheit, undatiert. Sein Autor nennt sich Lü Qiuyin und schmückt sich mit dem Titel eines „Präfekten von Taizhou“. Der wortreiche und oft unbeholfene Stil des Vorworts läßt jedoch kaum einen studierten und literarisch geschulten höheren Beamten als Autor vermuten. Es gab zwar einen chinesischen Präfekten (von Lizhou!) namens Lü Qiuyin, doch dieser ist mit großer Wahrscheinlichkeit nicht der Verfasser des Vorwortes zu den Gedichten vom Kalten Berg.

Die verschiedenen Ausgaben des *Hanshan shi* enthalten etwa dreihundertsechzig Gedichte, von denen gut dreihundert dem Hanshan zugeschrieben werden, etwa fünfzig Shide und zwei Gedichte einem Zen-Meister namens Fenggan.

Manche der Shide zugeschriebenen Gedichte sind ein zum Teil wörtliches Echo der Gedichte von Hanshan und könnten spätere Imitationen sein. Das Vorwort modelliert die Personen an einigen Stellen auffällig nach „legendären" Vorbildern, so etwa wenn der Zen-Meister Fenggan durch die Angabe, er habe „in der Küche Reis gestampft", in die Nähe des Sechsten Patriarchen des Zen gerückt wird, von dem die Legende berichtet, er habe eben dies im Kloster des Fünften Patriarchen getan. Zudem finden sich auffallende wörtliche Übereinstimmungen zwischen dem Vorwort und den Gedichten von Fenggan und Shide. Die Frage allerdings, ob das Vorwort im nachhinein unter Verwendung von Informationen aus den Gedichten und legendären Elementen geschrieben wurde, oder ob einige der Gedichte spätere Variationen über Themen des Vorwortes sind, ist wohl genauso müßig wie die berühmte Frage, ob nun das Ei oder das Huhn zuerst dagewesen sei.

Die Gedichte des Hanshan selbst enthalten gewisse Widersprüche. Manche der Gedichte, die nach der Biographie, welche aus dem großen Ganzen des *Hanshan shi* zu erschließen ist, einer „frühen" Periode zugeordnet werden müssen, zeigen den Dichter bereits als weißhaarigen Greis. Es mag sich hierbei um poetische Variationen des „frühen" Hanshan über das in der chinesischen Dichtung so beliebte Thema der Kürze und Vergänglichkeit des Menschenlebens handeln. Es gibt in der chinesischen Dichtung nämlich „idiomatische Bilder" und symbolträchtige Stereotypen, die oft nur ein bestimmtes Lebensgefühl zum Ausdruck bringen sollen und nicht wörtlich zu nehmen sind. So war zum Beispiel die „strohgedeckte Hütte", in der manche das einfache Leben preisende Dichter in ihren Gedichten leben, in Realität ein recht stattliches Haus. Solche Widersprüche und die Unverträglichkeit mancher zweifelnder, verbitterter oder hedonistischer Gedichte mit einem idealisierten Hanshan-Bild haben manche Kritiker dazu geführt, im *Hanshan shi* das Werk einer Schule von Dichtern vom Kalten Berg zu sehen oder manche der Gedichte für spätere Imitationen und Hinzufügungen zu halten.

Wenn einige der Gedichte des *Hanshan shi* auch Imitationen sein mögen, so ist es doch, auch aus philologischer Sicht, zu vermuten, daß der größte Teil der Gedichte vom Kalten Berg von einem Verfasser stammt, der sich irgendwann zwischen Ende des 6. und Ende des 9. Jahrhunderts, wahrscheinlich in der Mitte des 7. Jahrhunderts, aus der „Welt des Staubs" auf einen Gipfel des Tiantai-Gebirges zurückzog, welcher Kalte Klippe oder Kalter Berg genannt wurde, und dort das Dichterpseudonym Hanshan, „Kalter Berg", annahm. *Hanshan* steht seitdem für den Ort, für den Dichter und für seinen Lebensstil und wurde zu einer Chiffre, die den Berg, den Poeten und seine Suche nach letzter Wahrheit in eins verschmilzt.

Alle Spekulationen über biographische Details des Lebens des Hanshan basieren letztlich auf einer Tatsache: der Existenz des

Hanshan shi, einer mit einem Vorwort überlieferten Sammlung von über dreihundert Gedichten. Trotz eifriger Bemühungen vieler Generationen von Philologen, den Nebel um den Kalten Berg zu lichten, weiß bis heute niemand, was für ein Mensch dieser Hanshan war, wann er gelebt hat und ob es überhaupt eine historische Persönlichkeit mit dem Dichterpseudonym „Hanshan" gegeben hat.

„Niemand weiß, woher Hanshan kam" ... wer er war und wohin er ging. Niemand, außer den Liebhabern der Gedichte vom Kalten Berg. Der gewundene und steinige Weg der Suche nach dem eigenen Wahren Wesen, der sich durch das *Hanshan shi* zieht, führt hin zu dem einzig „wirklichen" Hanshan, an dessen Existenz es keine Zweifel gibt:

Den Mann vom Kalten Berg
Wird es für immer geben.
Er ganz alleine lebt
Ohne Geburt und Tod.

Aber auch von der „Phantomerscheinung", in der sich der Mann vom Kalten Berg einst manifestierte, haben die Freunde seiner Gedichte seit über tausend Jahren ein recht einheitliches Bild. Dieses Bild ist in zahlreichen Legenden gespiegelt, die sich um die Gestalt des Hanshan und seiner beiden Freunde und Gesinnungsgenossen – den Findling Shide und den Zen-Meister Fenggan – ranken, sowie in vielen Hunderten von Tuschemalereien.

Dort begegnen wir einer verwilderten Gestalt mit wüstem Haarschopf und in zerlumpter Kleidung, die durch nebelverhangene Berglandschaften strolcht, Gedichte an Bäume und Felswände pinselt, in schriftlose Schriftrollen vertieft ist oder grinsend, lachend und gestikulierend mit den ebenso wilden Gestalten des Shide und Fenggan die tiefen Geheimnisse der Lehren des Buddhismus und des Daoismus diskutiert.

Vor allem bei Anhängern des Zen (chin.: Chan) hat sich das *Hanshan shi* immer großer Beliebtheit erfreut. Die meisten der Tuschebilder, welche Hanshan, Shide und Fenggan mit seinem Tiger, einem Symbol der Kraft des gesammelten Geistes, zum Thema haben, wurden von Zen-Mönchen gemalt. Auch die chinesischen und japanischen Kommentare zu den Gedichten vom Kalten Berg stammen meist von Zen-Buddhisten. So hat zum Beispiel der berühmte japanische Zen-Meister Hakuin Zenji einen Kommentar zum *Hanshan shi* geschrieben, in dem die Gedichte des Hanshan wie Zen-Kôan behandelt werden.

Die Zeit, in der die Gedichte vom Kalten Berg entstanden sind, war die Blütezeit des Chan in China. In den Gedichten zeichnet sich eine deutliche Entwicklung ab: Der belesene Scholar, dessen Lieblingsschriftsteller offenbar die beiden großen Daoisten Laozi und Zhuangzi sind, beginnt auf dem Kalten Berg mit der Übung zen-buddhistischer Versenkung, des „Sitzens" in Versunkenheit. Der Tenor seiner Gedichte verschiebt sich: vom Hadern mit einem persönlichen Schicksal immer mehr hin zu allgemein buddhistischen Themen und schließlich zum unmittelbaren Ausdruck der eigenen Zen-Erfahrung. Die Gesellschaftskritik des Hanshan verliert ihre anfängliche Bitterkeit und zeigt nun mit ironischer Distanz den Menschen, die „in Dunkelheit und Staub" leben, den Wahn-Sinn eines Lebens auf, das sich von den Spielregeln der Gesellschaft nicht befreien kann – einer Gesellschaft, in der die Menschen, von den „Drei Giften" Ärger, Gier und Torheit vergiftet, nur nach Reichtum, Macht und „eitlem Ruhm" streben.

Der Zen-Gehalt der späten Hanshan-Gedichte und die Schilderungen des Vorwortes ließen Hanshan in der populären Imagination schließlich zum Prototypen des erleuchteten Zen-Laien werden, der ganz auf sich gestellt, ohne einer bestimmten Schulrichtung anzuhängen und ohne sich der strengen Disziplin des Mönchslebens zu unterwerfen, den Weg der Nachfolge Buddhas beschreitet und dessen heitere Gelassenheit und unorthodoxe Lebensweise Ausdruck der unerschütterlichen Sicherheit ist, die die Verwurzelung in der Erfahrung des eigenen Wahren Wesens verleiht.

Als solcher hat Hanshan noch vor wenigen Jahrzehnten auf die abendländische Jugend und die Entstehung einer jugendlichen Subkultur im Westen gewirkt. Die Väter der sich der bürgerlichen Welt der Squares („Vierecke") verweigernden amerikanischen Beat-Generation, aus der nach einer Akzentverschiebung dann die Hippie-Bewegung entstand, Jack Kerouac, Gary Snyder, Allan Ginsberg und andere Schriftsteller und Poeten, feierten Hanshan als *„dharma bum"*, als Zen-Gammler und Urahnen ihrer geschlagenen/glückseligen *(beat/beatific)* Generation. Und viele der von Hermann Hesse inspirierten deutschsprachigen Morgenlandfahrer, die sich in den Siebziger und frühen Achtziger Jahren – von der Bourgeoisie ebenso enttäuscht wie von den linken „Revolutionären" der 68er-Generation – als Suchende gen Osten aufmachten, hatte die erste Ausgabe der hier in überarbeiteter Form neu vorgelegten deutschen Übersetzung der Gedichte vom Kalten Berg als einziges Buch in ihrem Rucksack. Sie alle fanden, daß die Kritik, welche jener Zen-Schrat vor mehr als tausend Jahren am Lebensstil seiner Zeitgenossen übte, auch die Grundübel der Gesellschaft traf, mit der sie selbst sich nicht mehr identifizieren wollten.

Auf der Suche nach einem Lebensstil außerhalb dieser Gesellschaft orientierten sich jene Jugendliche an einem Bild eines hedonistischen Zen-Gammlers, dem Hanshan in dieser Einseitigkeit sicher nie entsprochen hat. Die Adepten jenes *„Beat-Zen"*, der vor allem das Unbekümmerte und Unorthodoxe an Hanshan betonte sowie seine Kritik am Establishment und an bloßer Buchgelehrsamkeit, glaubten nur zu oft, Alkohol, Cannabis oder LSD statt Meditation als Schlüssel zur „Erleuchtung" benutzen zu können, und übersahen nur zu leicht die Mahnungen zu strenger Selbstdisziplin des späten, des „sehenden" Hanshan.

Bei aller Freiheit von reinem Formalismus und oberflächlicher Konvention und im Gegensatz zur betonten Leichtlebigkeit mancher früher Gedichte, hat Hanshan am eigenen Leibe erfahren und hält seinen Lesern immer wieder vor Augen, daß völlige Selbstbeherrschung und ein „felsenfester Sinn" unabdingbar sind für jeden, der den schweren Weg der Aufdeckung des eigenen Wahren Wesens gehen will. Aber auch wenn der erhobene Zeigefinger in vielen der Gedichte vom Kalten Berg unübersehbar ist, so soll er doch nur auf Umstände hinweisen, die der nach Wahrheit Suchende zu überwinden hat. Rezepte für ein besseres Leben will Hanshan nicht geben. Neugierige, die nach solchen Rezepten suchen, nach Wegweisern zum Wolkenpfad, und die beginnen, einem Hanshan-Weg nachzuforschen, werden durch mysteriöse Sprüche und schockierendes Verhalten verunsichert, und ehe sie sich noch von ihrer Überraschung erholt haben, ist Hanshan schon wieder im Nebel verschwunden.

Nur die Worte hallen nach: „Ein jeder muß es für sich selbst finden!"

Schwierigkeiten beim Schreiben der Wahrheit

Als der Übersetzer, der bald darauf selbst zu den Morgenlandfahrern der frühen Siebziger Jahre des letzten Jahrhunderts gehören sollte, als junger Sinologiestudent auf die englische Übersetzung von einhundert Gedichten des Hanshan von Burton Watson stieß und nach der Lektüre einige Tage in einem Freudentaumel verbrachte, beschloß er, eine deutsche Übertragung der Gedichte vom Kalten Berg aus dem Chinesischen zu wagen – in der Hoffnung, mit manchen deutschen Lesern etwas von der Freude an diesen Gedichten und von ihrer Inspiration teilen zu können. Die in den folgenden Jahren in der „Klause des Verrückten Drachen" in der Nähe eines japanischen Zen-Klosters entstandene Übertragung ist bestimmt durch diese Absicht wie auch durch die Erfahrung der ersten Schritte auf einem Weg geistiger Schulung, den vor über tausend Jahren auch der Dichter Hanshan eingeschlagen hat: den der Praxis zen-buddhistischer Versenkung.

Da die Absicht war, Freude zu bereiten, hat bei der Übertragung in Zweifelsfällen die Poesie vor akademischer Akribie den Vorrang erhalten – eine Einstellung zur Poesie, die der Übersetzer wohl mit Hanshan teilt (siehe Gedicht Nr. 90). Das heißt allerdings nicht, daß nicht bei jeder Übertragung versucht wurde, größtmögliche Originaltreue mit einem Ausdruck zu vereinen, der auch im Deutschen noch als ein Gedicht zu lesen ist.

Ist die Übersetzung von Poesie immer schon eine heikle Angelegenheit, so ist der Ausspruch von Harry De Forest Smith: *„A translation is like a stewed strawberry“* („Eine Übersetzung ist wie Erdbeerpüree“) besonders für die Übertragungen chinesischer Gedichte zutreffend. Vom ästhetischen Genuß der Form – und das ist bei chinesischen Gedichten nicht nur die Musik aus Sprachmelodie und Rhythmus des Versmaßes, sondern auch das Spiel des Dichters mit den piktographischen Qualitäten des chinesischen Schriftzeichens – bleibt in der Übersetzung nichts. Selbst der Versuch mancher Übersetzer chinesischer Poesie, wenigstens den Endreim beizubehalten (die geradzahligen Zeilen der Gedichtformen, die Hanshan benutzt, haben einen Endreim), ist heute nicht mehr legitim. Der Reim wirkt auf den modernen Leser eher etwas komisch, ein Effekt, den er im Original sicher nicht hatte. Da es im Chinesischen zudem sehr viele gleichlautende Schriftzeichen gibt und der Reim sehr viel leichter zu erreichen ist als im Deutschen, würde die Beibehaltung eines Endreims in der deutschen Übersetzung oft zu Vergewaltigungen des Sinngehaltes zwingen, der, bei der völligen Vernachlässigung der Form des Originals, wenigstens so nuanciert wie möglich wiedergegeben werden sollte.

Die einzige Annäherung an die Form des Originals ist in dieser Übertragung die Entsprechung: Eine Zeile Original = eine Zeile Übersetzung – sowie Versuch, jeder Zeile der Übersetzung so viele Betonungen zu geben, wie die Originalzeile Schriftzeichen enthält, das aber auch nur dort, wo es die optimale Übertragung des Sinngehaltes erlaubte.

Die Eigenarten der chinesischen Sprache und Schrift und die Einbeziehung der gesamten literarischen Tradition durch oft nur für den klassisch gebildeten Chinesen erkennbare Anspielungen ermöglichen dem chinesischen Poeten eine äußerste Verdichtung des Ausdruckes, die so weitgehend wohl in kaum einer anderen Sprache möglich ist. Eine Übersetzung des gesamten Sinngehalts eines solch vielschichtigen chinesischen Gedichts würde in vielen Fällen einen riesigen Apparat von Anmerkungen und einbettenden Kommentaren, philologischer, psychologischer, kulturgeschichtlicher Art verlangen, um sich schließlich dann doch als unmöglich zu erweisen.

Eine Übersetzung, die wenigstens die oben erwähnte minimale Annäherung an die Form des Originals versucht – mit einem dem Leser zumutbaren Umfang der Anmerkungen –, muß aus dem Bedeutungsraum, den das Original eröffnet, eine Auswahl treffen, die zwangsläufig auch den Geschmack des „Erdbeerpürees“ reduziert und verändert. Dafür zwei Beispiele, die nur einige der mannigfaltigen Aspekte dessen illustrieren, was Bert Brecht (wenn auch in einem ganz anderen Zusammenhang) als „Schwierigkeiten beim Schreiben der Wahrheit“ bezeichnet hat.

Die zweite Zeile des Gedichts Nr. 88 lautet (in der Pinyin-Umschrift des Chinesischen): *„niao dao jue ren ji“*. Das sieht dann in meiner Übersetzungsmatrix etwa folgendermaßen aus:

Vogel	Dao, WEG	abschneiden	Mensch	Spur(en)
Vögel	Straße, Pfad	unterbrechen	Menschen	Fußspur(en)
	Lehre	trennen		nachspüren
	Grundsatz	hemmen		aufspüren
	Verfahren	ohne, fehlen		entdecken
	Mittel und Weg			

---

verschlungene Pfade
sich windender Weg

Für diese Zeile ist die Übertragung gegeben: „Ein Vogel-WEG, kein Mensch spürt mir hier nach.“

Eine andere mögliche Übersetzung wäre: „Verschlungene Pfade, ohne menschliche Fußspuren.“

Die Übersetzung von *„niao dao“* als idiomatischer Ausdruck mit der Bedeutung „sich windender Weg“ würde zu viele der impliziten Assoziationen vernachlässigen. Denn alle Assoziationen zum Aufschwung des Vogelflugs sind hier sicherlich beabsichtigt. In Verbindung von *niao* = Vogel mit *dao* = WEG, einem Begriff den Hanshan, der so tief vom Daoismus beeinflußt war, nie ohne „Hintergedanken“ benutzt, ergibt sich noch folgende Assoziationskette:

Vogel	→	Kranich	→	Phönix	→	Dao
(Vogelflug)		(Loslösung von der Welt, Nicht-Anhaften)		(Erleuchtung)		WEG

---

daoistischer Unsterblicher

Das „mir hier“ von „kein Mensch spürt mir hier nach“ ergibt sich aus der ersten Zeile, wo Hanshan anhebt, seinen Wohnort zu beschreiben, und der Tatsache, daß erste und zweite Zeile in dieser Gedichtform sinngemäß stets eng verbunden sind.

Aus den diversen Möglichkeiten für den zweiten Teil der Zeile, die der Leser selbst der Übersetzungsmatrix entnehmen kann, wurde als größter gemeinsamer Nenner „kein Mensch spürt mir hier nach" ausgewählt.

In diesem Fall geht es hauptsächlich um das Spiel mit den Assoziationen zu einem Wort oder Schriftzeichen und mit der Mehrdeutigkeit von Schriftzeichen, die bei vielen Zeichen noch wesentlich vielfältiger ist als in diesem Beispiel.

Einer anderen Schwierigkeit begegnen wir in der 7. Zeile des selben Gedichtes: *„ji yu zhong ding jia"* ist übersetzt:

„Bestellt den Leuten, die in Pomp und Reichtum leben"

„Ji yu", „eine Nachricht senden, Bestellung, bestellen" ist kein Problem. Dann aber heißt es:

zhong	*ding*	*jia*
Glocke	Opfergefäß	Haus, Heim Familie(n)

Zhong ding beschwört hierbei das Bild der in „besseren Kreisen" gepflegten Sitte herauf, sich erst auf ein Glockenzeichen hin zum Essen zu versammeln und sich dann, nachdem das Opfergefäß mit Delikatessen überladen wurde, an reich gedecktem Tisch niederzulassen. *Zhong ding* steht hier für „zeremonielles Gepränge"; die „Familien mit zeremoniellem Gepränge" das sind die „Leute die in Pomp und Reichtum leben".

In diesem Fall geht es darum, den Sinngehalt der Zeile zu erfassen, und, da die entsprechenden deutschen Wörter beim Leser nicht notwendig die gleichen Assoziationen hervorrufen, eine zwar dem Sinngehalt, aber nicht mehr dem „Wortlaut" entsprechende Übertragung zu geben.

Die Auswahl, die der Übersetzer trifft, ist schließlich nicht nur von den Gesetzmäßigkeiten und Möglichkeiten der Sprache bestimmt, in die er übersetzt. Sie ist, wie zum Beispiel die Belebung einer Sonate von Beethoven durch einen Solisten, immer auch Ausdruck seiner *Interpretation* des Werkes und seiner eigenen Persönlichkeit. Das Wunderbare und Unauschöpfbare der fernöstlichen Dichtung besteht darin, daß sie in ihrer äußersten Verdichtung, der Vieldeutigkeit der Schriftzeichen und dem Reichtum an Andeutungen und Anspielungen den Dichter im Leser selbst fordert. Er (oder sie) muß beim Lesen oder Hören des Gedichts sein eigenes Gedicht schöpfen – die spärlichen Worte sind nur die Grundbestandteile, aus denen in einem geheimnisvollen alchemistischen Prozeß zwischen dem Geist des Dichters und dem des Lesers jeweils ein ganz einzigartiges und subjektives Kunstwerk entsteht.

Die vorliegende Übertragung ist also nur eine der vielen möglichen Interpretationen der Gedichte vom Kalten Berg. Sie ist eine Spiegelung des Originals im Bewußtsein des Übersetzers, sprachlicher Ausdruck der Reaktionen, welche die Stimuli des Originaltextes im Sein (= Bewußtsein) eines Menschen hervorriefen, dessen Welt (= Bewußtsein) eine vollkommen andere ist als die des Dichters. Im Idealfall des Lesers, der des Chinesischen mächtig ist, wird es so viele Interpretationen geben wie Leser.

Von den etwa dreihundert Gedichten, die Hanshan zugeschrieben werden, sind für den vorliegenden Band einhundertfünfzig ausgewählt. Je ein Beispiel der Gedichte von Fenggan und Shide ist hinzugefügt. Die vorliegende Auswahl kann als repräsentativ für das Werk des Hanshan angesehen werden. Die Grundthemen des *Hanshan shi* tauchen in den Gedichten in immer neuen Variationen auf; manche Gedichte sind thematisch so ähnlich, daß eine Wiedergabe des gesamten *Hanshan shi* auf den ungeduldigen Leser leicht ermüdend wirken würde.

Da die Gedichte vom Kalten Berg offenbar keine festgelegte Reihenfolge haben, hat der Übersetzer eine Anordnung vorgenommen, die nach seinem Empfinden der Entwicklung des Lebensweges von Hanshan entspricht. Die spirituelle Entwicklung war bei der Abwägung des „Früher oder Später" auch jener Gedichte, die vage Anspielungen auf das Lebensalter enthalten, das ausschlaggebende Indiz. Trotz allen ach-so-menschlichen Schwankens zwischen himmelhoch jauchzend und zu Tode betrübt und trotz der in einem frühen Stadium des spirituellen Weges wohl unvermeidlichen Rückfälle in Verzweiflung, sind die grundlegenden Stadien des Weges charakteristisch und irreversibel und machen daher oft eine Unterscheidung von „frühen" und „späten" Gedichten möglich. Bei der Auswahl wurden solche Gedichte zurückgestellt, die nur durch einen Wald von Anmerkungen verständlich würden. Von den vielen Anspielungen und literarischen Anleihen, die in den vorliegenden Gedichten enthalten sind, wurden – soweit die Quelle überhaupt aufspürbar war – nur jene in die Anmerkungen aufgenommen, die zum Verständnis des Sinnes notwendig sind und die Wesentliches zum Erfassen der Atmosphäre eines Gedichtes beitragen.

Drei Begriffe sind im Text dieser Übertragung durch Schreibung in Kapitälchen hervorgehoben. Es handelt sich dabei um Begriffe, die in diesem Zusammenhang als Formel stehen für etwas, das von der „wörtlichen" Bedeutung, welche diese Begriffe sowohl im chinesischen als auch im deutschen Sprachgebrauch haben, nicht erfaßt wird. Es sind dies die Grundbegriffe des Daoismus *Dao* = wörtl.: „Weg", *De* = wörtl.: „Tugend" und ein Begriff für die zentrale Übung des Chan/Zen-Buddhismus, das *Zuochan* (jap.: *Zazen*), oft einfach nur „Sitzen" genannt.

„Das Dao, das auszusprechen ist, ist nicht das dauernde Dao", sagt Laozi. Doch wenn er versucht, von jenem Unnennbaren und seinen Manifestationen zu sprechen, muß er ihm einen Namen geben: „Nicht wissend seinen Namen, benenne ich es mit dem Wort Dao."

Dieses Dao, dessen ursprüngliche Bedeutung im Chinesischen „Weg" ist, steht hier als Chiffre für die begrifflich unfaßbare Einheit der essentiellen Welt. So ist Dao gleichbedeutend mit den buddhistischen Formeln für die eine ungeteilte Wahrheit – Buddha-Wesen, Selbst-Wesen, Wahres-Wesen usw. – und wird bei Hanshan und im chinesischen und japanischen Buddhismus allgemein als Synonym für diese verwendet.

De steht für etwas, das ebenso unnennbar ist, Es ist die gestaltende Kraft, mit der sich das Dao in der phänomenalen Welt manifestiert, die Repräsentation der einen Wahrheit in der unendlichen Vielfalt der Erscheinungen.

Daß Laozi als Chiffre für diese beiden „Unnennbaren" Begriffe wählt, deren Bedeutung im Sprachgebrauch „Weg" bzw. „Tugend" ist, darf man allerdings nicht übersehen. „Tugend" ist hierbei keine moralische Kategorie sondern eine Wirkkraft jenseits von Gut und Böse. Diese Bedeutung hat das Wort auch im Deutschen, wenn wir davon sprechen, daß etwas „Kraft und Tugend" von etwas anderem geschieht. Die Zwiespältigkeit von Dao und De, die einerseits als reine Chiffre gebraucht werden, andererseits jedoch die Bedeutungen und Assoziationen des Wortes im Sprachgebrauch beibehalten, ist in dieser Übertragung durch die Schreibweise „WEG" und „TUGEND" ausgedrückt. Vor allem die Ambivalenz des Wortes Dao benutzt Hanshan in seinen Gedichten immer wieder.

Die Gleichsetzung des chinesischen *tso* = „sitzen" in dieser Übertragung der Gedichte vom Kalten Berg mit einem Begriff für das im Zen-Buddhismus geübte „Sitzen in Versenkung" ist nicht nur Ausdruck einer „bemüht" zen-buddhistischen Interpretation, wie Burton Watson in der Einleitung zu seiner Übersetzung vermutet. Der erste Patriarch des Zen-Buddhismus in China, Bodhidharma, soll nach seiner Ankunft in China neun Jahre lang vor einer Felswand in Versenkung „gesessen" haben. Das „Sitzen" vor der Felswand taucht häufig genug bei Hanshan auf, und auch in den Gedichten, die keine dermaßen direkte Anspielung auf die Übungsmethode des Zen-Buddhismus enthalten, zeigt der Kontext doch unmißverständlich, daß hier mit dem „SITZEN" nur das „Sitzen in Versenkung" gemeint sein kann.

Das deutsche Wort „Versenkung" kommt der Bedeutung von Zazen am nächsten. Meditation bezeichnet im allgemeinen eine Praxis, bei der der menschliche Geist „denkt", die Gedanken allerdings auf ein bestimmtes Objekt beschränkt sind. Im Zu-

stand der Versenkung, des SITZENS, ist der Geist gedankenleer; die Trennung von Subjekt und Objekt, welche erst durch die gedankliche Unterscheidung entsteht, ist aufgehoben (vergleiche z.B. Gedicht Nr. 135).

In Gedichten und Anmerkungen wurde in der Neuausgabe die inzwischen zum internationalen Standard gewordene Umschrift des Chinesischen verwendet, die sogenannte „Pinyin-Umschrift", außer in den wenigen Fällen, wo sich eine andere Schreibweise im Deutschen eingebürgert hat (z. B. „Yangtsekiang") und in Zitaten aus den Übersetzungen von Richard Wilhelm, der eine eigene Umschrift verwendet. Die Zitate der Übersetzungen von Richard Wilhelm sind durch <R. W.> kenntlich gemacht.

Das chinesische *Xin*, das Herz, Geist, Gemüt, Sinn, Bewußtsein usw. heißen kann, wurde hier manchmal mit „Herz", meist jedoch mit „Sinn" („Sinn" nicht wie in „der Sinn des Lebens", sondern wie in „ich habe nur die Geliebte im Sinn") übersetzt.

Zu guter Letzt möchte der Übersetzer seinen Dank aussprechen für die vielen direkten und indirekten Hilfestellungen, die das Zustandekommen dieses Buches ermöglichten. Die Übertragung der Gedichte wurde mir durch die Kommentare zu zwei japanischen Übersetzungen der Gedichte vom Kalten Berg wesentlich erleichtert, das Verständnis mancher Formulierungen der tangzeitlichen Umgangssprache durch diese Arbeiten erst ermöglicht. Es handelt sich um die Übersetzungen von 126 Gedichten des *Hanshan shi* durch Yoshitaka Iriya (*Chugoku Shijin Senshu*, Bd. 5, Tôkyô 1958) und die Übertragung des gesamten *Hanshan shi* durch Sensuke Iritani und Takashi Matsumura (Zen no Goroku, Bd. 13, Tôkyô 1970). Ein Teil des Materials der Anmerkungen basiert auf den Anmerkungen und Kommentaren zu diesen beiden Arbeiten.

Mein besonderer Dank gilt meinem ersten Meister und Führer auf dem Zen-Weg, Yamada Kôun Rôshi, der die Kalligraphie „*Hanshan*" (Frontispiz) zu diesem Band beitrug, und seiner Schülerin und Dharma-Nachfolgerin Brigitte Kôun-an Rôshi, der für meine bescheidene Zen-Erfahrung ausschlaggebenden Zen-Meisterin, die das Manuskript kritisch gelesen, viele wertvolle Anregungen gegeben und mir bei der Anordnung der Gedichte geholfen hat. Für den Text der Übertragung und für alle eventuellen Fehlinterpretationen, zeichnet der Übersetzer jedoch allein verantwortlich.

Daß es möglich war, diesen Band mit einigen der schönsten Tuschemalereien zum Themenkreis „Hanshan" zu illustrieren, ist das Verdienst von Frau Patrizia Jirka und Herrn Tetsuo Kawai, die mir bei der Auswahl der Bilder behilflich waren und mir den größten Teil der mühsamen Arbeit bei der Beschaffung der Abdruckrechte und Druckvorlagen abgenommen haben. Ihnen und allen Sammlungen und Museen, welche Druckvorlagen zur Verfügung stellten, gilt mein herzlicher Dank.

Überarbeitete Einführung zur Neuausgabe 2001,
verfaßt in der „Klause der Weißen Wolken“
bei Le Montat in Südfrankreich, Frühjahr 2001[1]

STEPHAN SCHUHMACHER

[1] Als ich die *Gedichte vom Kalten Berg* für diese Neuausgabe mehr als 25 Jahre nach Erstellung der Übersetzung wieder genauer anschaute, war ich selbst überrascht zu sehen, wie wenig ich daran zu ändern geneigt war. Die Bearbeitung betrifft hauptsächlich formale und einige stilistische Aspekte. Anfang der 70er Jahre war ich der Meinung, ein weitgehender Verzicht auf Zeichensetzung bringe eine größere Annäherung an die Form des Originals. Heute finde ich, daß die deutsche Zeichensetzung den Gedichten nichts von ihrem „chinesischen“ Charakter nimmt und die Übersetzung in dieser Form weniger gekünstelt wirkt. Stilistisch habe ich den Text aus meiner heutigen Sicht hier und da etwas verbessert und zudem einige zusätzliche Anmerkungen aufgenommen, die dem Verständnis der Gedichte dienen. Für die Zitate aus dem *Zhuangzi* habe ich in der Neuausgabe statt der Wilhelm-Übersetzung die inzwischen erschienenen vollständige deutsche Ausgabe dieses Klassikers herangezogen (*Zhuangzi. Das klassische Buch daoistischer Weisheit*, Frankfurt a.M.: W. Krüger, 1998), die mir, bei aller Achtung vor der Leistung Richard Wilhelms, den Geist des Zhuangzi besser zu treffen scheint als die Teilübersetzung von Wilhelm.

Vorwort

Niemand weiß, woher Hanshan kam. Jene Alten, die ihn noch getroffen haben, berichten alle, er sei ein armer Mann und ein verrückter Bursche gewesen.

Er lebte als Einsiedler im Tiantai, etwa 70 Meilen westlich von Tangxing, an einem Ort, der Kalter Gipfel genannt wurde. Gelegentlich kam er zum Guoqing-Kloster, wo Shide lebte und die Speisehalle besorgte. Dieser sammelte gewöhnlich Reis- und Gemüsereste in einem Bambusrohr, das sich Hanshan, wenn er zum Kloster kam, auf die Schulter packte und wieder loszog.

Manchmal schlenderte Hanshan auch die langen Korridore des Klosters auf und ab, rief und lachte vergnügt, sprach und kicherte mit sich selbst. Als ihm die Mönche einmal auflauerten, schimpften und sich über ihn lustig machten, klatschte er plötzlich in die Hände, brach „Ha, Ha, Ha!“ in ein schallendes Gelächter aus und verschwand.

Gesicht und Körper verschrumpelt wie dürres Holz, sah Hanshan aus wie ein Bettler. Doch jedes seiner Worte, jeder Ausspruch, stand im Einklang mit den höchsten Prinzipien, erwies sich, wenn man gründlich nachdachte, als voll von geheimer Bedeutung und durchdrungen vom Dao, Wort für Wort tief und mysteriös.

Sein Hut war aus Birkenrinde gemacht, die Kleider zerlumpt und abgewetzt, und an den Füßen trug er Holzsandalen. So verwischen die höchsten Menschen ihre Spuren; sie vereinigen die Kategorien und verschmelzen mit allen Dingen.

In jenen langen Korridoren rief und prustete Hanshan immer nur: „0 weh! 0 weh! Sie kreisen immer wieder durch die Drei Welten[1]“

Dann wieder lachte und sang er mit den Kuhhirten der Nachbardörfer. Ob man ihm unfreundlich oder liebenswürdig begegnete, seine Art war immer selbstvergnügt. Doch wie vermöchte, wer selbst kein Weiser ist, ihn zu erkennen?

Kürzlich wurde mir ein bescheidenes Amt in Danqiu zugewiesen. Am Tag der Abreise überfiel mich ein hartnäckiger Kopfschmerz. Ich ließ sofort einen Arzt rufen, aber trotz der Behandlung wurden die Schmerzen stärker.

[1] „Drei Welten“, Skrt.: *Trailokya* oder *Triloka*, sind die Welten der Sinnlichen Begierde, der Form, und die formlose Welt des reinen Bewußtseins. Nach der Lehre des Buddhismus werden alle Lebewesen so lange in eine dieser Welten wiedergeboren, bis sie den Grad der Erleuchtung eines Buddha erlangt haben und damit den Kreislauf von Geburt und Tod transzendieren.

Da erhielt ich unerwarteten Besuch von einem Zen-Meister namens Fenggan, der sagte, er käme vom Guoqing-Kloster im Tiantai-Gebirge. Ich bat ihn, meine Krankheit zu heilen. Der Meister, der eine heitere Miene hatte, sprach lachend: „Der Körper ist die Behausung der Vier Elemente[1], Krankheit entsteht aus Verblendung[2]; wenn ich sie vertreiben soll, brauche ich klares Wasser." Ich ließ dem Meister klares Wasser reichen, er spuckte es über mich aus, und im Nu war die Krankheit ausgetrieben. Daraufhin berichtete er mir, Taizhou sei ein Küstengebiet voller Miasmen, und ich sollte auf meine Gesundheit achten. Ich fragte ihn: „Ich kenne diese Gegend nicht. Gibt es dort weise Männer, die ich als Lehrer ansehen könnte?"

Der Meister antwortete: „Wer sie ansieht, erkennt sie nicht. Wer sie erkennt, braucht sie nicht anzusehen. Wenn du sie sehen willst, darfst du dich nicht an den Augenschein halten, dann magst du sie sehen. Hanshan ist ein Mañjushrî[3], der sich beim Guoqing verborgen hält. Shide ist ein Samantabhadra[4]. Er sieht aus wie ein Bettler und gebärdet sich wie ein Verrückter. Er kommt und geht (wie er will); wenn er im Guoqing-Kloster ist, arbeitet er als Laufbursche und kümmert sich in der Küche um das Feuer." Als er so gesprochen hatte, ging er, und ich machte mich auf den Weg zu meinem Amt in Taizhou.

Jener Begebenheit eingedenk, ging ich drei Tage nach meiner Ankunft persönlich zum Kloster, um mich bei den Mönchen zu versichern, ob der Meister die Wahrheit gesprochen hatte. Zudem gab ich die Anweisung nachzuforschen, ob es in der Dangxing-Provinz einen Hanshan und einen Shide gebe. Von der Präfektur wurde gemeldet: „70 Meilen westlich vom Gebiet des betreffenden Distrikts liegt ein Berggipfel. Alte Leute haben gesehen, daß ein armer Scholar manchmal von jenem Gipfel zum Guoqing Kloster ging und dort übernachtete. In der Lagerhalle des Klosters gibt es einen Âchârin[5], der Shide genannt wird."

1 „Vier Elemente", Skrt.: *Mahâbhûta*, sind die vier Elemente, aus denen nach buddhistischer Lehre alle Dinge gemacht sind: Erde, Wasser, Feuer und Wind (Äther). Gerät das harmonische Zusammenspiel dieser Elemente im Körper in Verwirrung, so entstehen die 440 Krankheiten.

2 „Verblendung", Skrt.: Mâyâ, auch „Illusion".

3 „Mañjushrî", ein Bodhisattva, die Verkörperung transzendentaler Weisheit. („Bodhisattva" siehe Anmerkung 2, S. 173)

4 „Samantabhadra", ein Bodhisattva, die Verkörperung Alldurchdringender Güte.

5 „Âchârin", ein Laie, der – der Mönchsdisziplin unterworfen – in einem Kloster als Diener arbeitet.

Daraufhin machte ich mich auf, den beiden meine Verehrung darzubringen. Zum Guoqing Kloster gelangt, fragte ich die Mönche: „In diesem Kloster hat es früher einen Zen-Meister namens Fenggan gegeben; wo hat er gelebt? Und wo sind Hanshan und Shide zu finden?“

Der Mönch Daoqiao gab mir Auskunft: „Die Klause des Zen-Meisters Fenggan ist hinter der Bibliothek. Jetzt kann niemand dort wohnen, denn dort erscheint immer wieder ein Tiger und brüllt. Hanshan und Shide sind in der Küche.“ Der Mönch führte mich zur Klause des Fenggan. Die Tür stand offen, und überall sah man Tigerspuren. Ich fragte die Mönche Baode und Daoqiao, was des Meisters Beschäftigung gewesen sei, als er noch im Kloster weilte. Sie berichteten, seine Aufgabe sei es gewesen, den Reis für die Küche zu stampfen. Des Nachts hätte er sich mit dem Singen von Liedern vergnügt.

Wir gingen zur Küche. Vor dem Herd standen zwei Männer, dem Feuer zugewandt, und lachten schallend. Als ich mich vor ihnen verbeugte, johlten sie los, faßten sich bei den Händen und „Ha, Ha, Ha!“ überschlugen sich fast vor Lachen. Dann riefen sie: „Fenggan, dieses Plappermaul, dieses Plappermaul! Du erkennst einen Amitâbha[1] nicht, was verbeugst du dich dann vor uns?“

Die Mönche waren zusammengelaufen und fragten sich überrascht: Warum verbeugt sich wohl ein Würdenträger vor zwei so schäbigen Gestalten? Da nahmen sich die beiden wieder bei der Hand und rannten aus dem Kloster. Ich ließ sie verfolgen, aber sie liefen zu schnell und waren schon verschwunden – zurück zum Kalten Gipfel.

Ich fragte die Mönche, ob die beiden wohl zum Kloster zurückkehren würden, und trug ihnen auf, die beiden zu suchen und sie zu bitten, sich im Kloster niederzulassen.

Wieder in der Präfektur, schickte ich zwei Garnituren sauberer Kleider und einiges Räucherwerk zum Kloster. Aber da die beiden nicht zurückgekehrt waren, gingen meine Boten zum Kalten Gipfel, um (die Geschenke) darzubringen.

Als Hanshan die Leute sah, rief er „Diebe! Diebe!“ und rannte zum Eingang einer Felsenhöhle. Dann rief er noch: „Laßt euch gesagt sein, Leute: Ein jeder muß es für sich selbst finden!“

Er trat in die Höhle, die Höhle schloß sich von selbst, und niemand konnte ihm folgen. Auch von Shide fand man keine Spur mehr.

Ich beauftragte den Mönch Daoqiao, ihren früheren Lebenswandel zu erforschen und die auf Bambus, Bäume, Steine und Felswände geschriebenen Gedichte zu sammeln und ein Buch

[1] „Amitâbha“, der „Buddha des Grenzenlosen Lichts“.

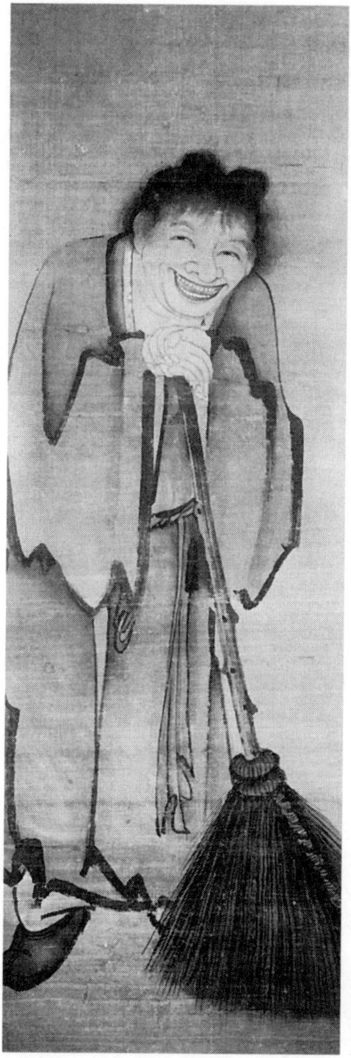
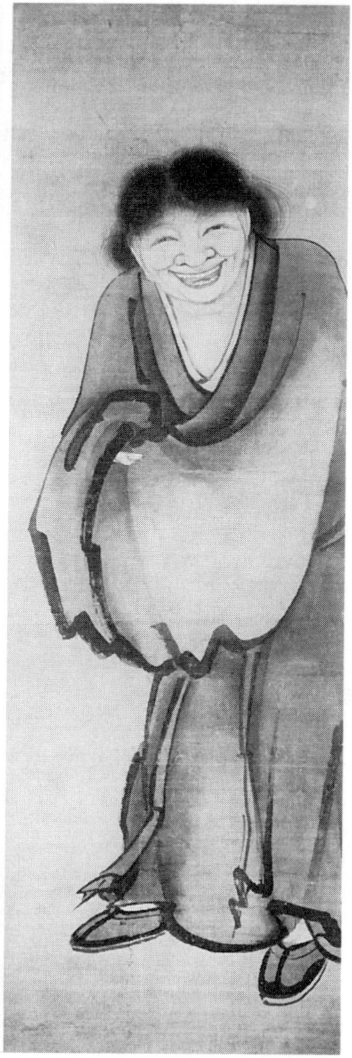

daraus zu machen. Zusammen mit den Gedichten, die Hanshan an die Hauswände der Leute im Dorf geschrieben hatte, waren es über dreihundert Verse, dazu noch die Sprüche, welche Shide auf die Wände des Erdschreins geschrieben hatte.

Ich ruhe fest im Glauben an die Lehre des Buddha und schätze mich glücklich, diese Männer des Dao getroffen zu haben.

VORWORT ZUM *Hanshan shi* VON LÜ QIUYIN,
PRÄFEKT VON TAIZHOU.

寒山出此語舉
世狂癡半有
事對面說所
以足人怨心真
語亦直直語
無背面君看
渡奈河誰是
嘍囉漢

寄語諸仁者
仁以何為懷
歸源知自性
自性即如来

1

Vater und Mutter hinterließen ein stattliches Erbe;[1]
Hier auf dem Lande kennt man keinen Neid.
Mein Weib bei der Arbeit, der Webstuhl geht Klipp-Klapp;
Die Kinder im Spiel, Münder plappern und plappern.
Ein Händeklatschen entfacht der Blüten Tanz;
Das Kinn gestützt, lausche ich Vogel-Liedern.
Wer käme wohl, mir seine Achtung zu erweisen?
Der Holzfäller[2] schaut ab und zu vorbei.

[1] Die Bedeutung der ersten Zeile ist ungewiß. *Xujing* wird jedoch von den alten Kommentaren als „Hinterlassenschaft, Erbschaft" verstanden.

[2] Holzfäller und Fischer (s. auch Anm. zu Nr. 63) sind in der chinesischen Dichtung Sinnbild für ein einfaches, zurückgezogenes Leben.

2

Ein festes Strohdach, hier wohnt ein Mann vom Lande;
Nur selten sieht man Pferd und Wagen vor dem Tor.
Die dunklen Wälder laden nur Vogelscharen ein;
Das breite Tal birgt Fische tief im Grund.
Zum Beerensammeln führe ich die Kinder aus,
Pflüge das Feld am Hang mit meiner Frau.
Drinnen im Haus, was habe ich da?
Allein ein Bettgestell, mit Büchern hoch beladen.

3

Seht, wie die Mandarinenten die Nacht verbringen –
Ein Männchen und ein Weibchen kuscheln sich zusammen.
Sie picken Blütenblätter, teilen jeden Bissen,
Putzen sich gegenseitig das Gefieder.
Sie steigen sich umspielend auf in duftige Wolken,
Und kehren zum Schlafen ans steinige Ufer zurück.[1]
Liebevoll von Natur, leben sie stets in Freuden
Und trachten nicht, den Teich des Phönixpaares einzunehmen.

[1] Wegen der in diesem Gedicht beschriebenen typischen Verhaltensweisen sind die Mandarinenten in der chinesischen Literatur ein Symbol für Zärtlichkeit und Liebe.

4

Im sechsten Monat, wenn die Bauern vor der Hitze fliehen –
Wer freut sich ein Maß Wein mit mir zu teilen?
Ich habe buntgemischte Beeren aufgetischt,
Doch niemand lagert um den Weinkrug außer mir.
Statt einer Matte brauch ich eine Lage Stroh,
Bananenblätter dienen mir als Teller.
Sitze ich dann im Rausch, das Kinn gestützt,
Ist der Sumeru[1] klein wie ein Armbrustgeschoß.

1 „Sumeru", der Olymp der hinduistishen und buddhistischen Mythologie, ist der mächtige Berg im Zentrum jeder Welt.

5

Die Pflaumenblüten würden gern den Sommer erleben,
Doch Wind und Monde verdrängen sie ohne Geduld.
Bei allem Suchen nach einem Han-Zeit-Menschen,
Könntest du doch nicht einen einzigen mehr finden.
So welken und fallen die Blüten Tag für Tag,
Jahr über Jahr gehen Menschen in die Verwandlung ein.[1]
Und dort, wo heute Staubwolken aufwirbeln,
Erstreckte sich in alter Zeit der Ozean.

[1] „In die Verwandlung eingehen" ist ein sehr weitsichtiges Bild der chinesischen Sprache für den Tod.

6

Mädchen mit feingeschwungenen Brauen in der Stadt,
Es klirren und klingeln die schellenverzierten Gürtel.
Vor einem Flor von Blüten pfeifen Papageien,
Und Lauten klingen unterm vollen Mond.
Einer Ballade Nachklang weilt drei Monate,[1]
Zehntausend Gaffer sammeln sich zu kurzem Tanz.
Doch kann dies Treiben sicherlich nicht ewig dauern,
Beim ersten Frost vergeht die Lotosblüte[2].

[1] Diese Zeile spielt an auf eine Geschichte aus dem *Liezi*:
Vor alters lebte in Han ein Mädchen namens Wo. Die kam einst nach Osten bis Tsi. Da mangelte es ihr an Brot. Sie kam durch Yung Men und sang für Geld, um Nahrung zu bekommen. Nachdem sie weg war, umgab der Nachklang noch die Dachbalken drei Tage lang, ohne zu verklingen, so daß die Anwesenden dachten, sie sei noch nicht gegangen. (*Liezi* V.12 <R. W.>)

[2] Für das Antlitz einer schönen Frau kennt die chinesische Sprache den Ausdruck „Lotosblüten-Gesicht".

7

Sie sagte: Meine Heimat ist Handan[1],
Man hört's am Singsang meiner Stimme.
Komm doch mit mir in mein verschwiegenes Gemach,
Die alten Lieder dir zu singen, dauert lang.
Du bist betrunken, sprich nicht vom Nachhausegehen,
Bleib hier, die Sonne steht noch nicht im Mittag.
In meiner Schlafkammer ist eine buntgestickte Decke
Gebreitet über ein silberverziertes Bett.

[1] Handan, eine Stadt im heutigen Hebei, war berühmt für seine schönen Frauen, seine Volkslieder und Tänze.

8

Im dritten Monat[1], wenn die Seidenraupen noch ganz klein,
Kommen die jungen Mädchen her zum Blumenpflücken.
Entlang der Mauer machen sie Jagd auf Schmetterlinge,
Drunten am Teich werfen sie Steine nach dem Frosch.
Sie sammeln Pflaumen in ihre weiten Gaze-Ärmel,
Graben mit goldnen Haarnadeln die Bambussprosse aus.
Über Geschmack mag man sich endlos streiten,[2]
Doch hier ist's schöner als bei mir zu Haus.

1 Dies ist der dritte Monat des chinesischen Mondkalenders, nach dem das Jahr Ende Januar bis Mitte Februar beginnt.

2 Die Bedeutung der vorletzten Zeile ist ungewiß, und sie hat die verschiedensten Interpretationen erfahren. Streiten die Mädchen untereinander über die Schönheit der Dinge, die sie gefunden haben, und sagen dann: „Wieviel schöner ist es hier, als bei uns zu Hause" (so interpretieren es Wu und Iritani)? Da sich die letzten beiden Zeilen der Shi von Hanshan meist gegen die vorhergehenden abheben und entweder eine Moral der Geschichte oder irgendeine Anmerkung oder einen Kommentar des Dichters enthalten, hat sich der Übersetzer der Interpretation von Iriya und Watson angeschlossen.

9

Über den Blüten singt der goldene Pirol
Guan! Guan! sein herzergreifend Lied.
Ein schönes Mädchen, Antlitz wie von heller Jade,
Stimmt dazu ein mit ihrer Laute Klang.
So werden beide ihres Spiels nicht müde,
Voll zärtlicher Gefühle ist die Jugendzeit.
Die Blüten aber fallen und die Vögel fliegen fort,
Noch eh der Herbstwind weht, vergießt sie Tränen.

10

Nördlich der Stadt lebte Gevatter Zhong,
In seinem Haus gab es stets reichlich Fleisch und Wein.
Damals, als seine Frau gestorben ist,
War seine Halle berstend voll von Trauergästen.
Nun ist der Alte selbst dahingegangen,
Nicht ein Mensch kam vorbei, ihn zu beweinen.
Die seine Becher leerten und seinen Braten verschlangen,
Was haben sie doch für ein kaltes Herz!

11

Zu Zeiten, da ich noch auf dem Dorfe lebte,
Pries mich dort jedermann als Ohnegleichen.
Doch als ich gestern in die Hauptstadt ging,
Da sahen selbst die Hunde mich schief an.
Lästert dort einer über meine engen Hosen,
Findet der nächste, meine Jacke sei zu lang.
Stecht ihr dem Sperber beide Augen aus,
Flattern wir Spatzen erhaben und würdig umher.

12

Hast du Wein, dann hole mich zum Trinken,
Habe ich Fleisch, dann lad ich dich zum Mahle.
Über kurz oder lang müssen wir alle zu den Gelben Quellen[1],
Drum wolln wir unser Bestes tun, so lang wir jung und stark.
Juwelbesetzte Gürtel glitzern nur kurze Zeit,
Goldene Haarnadeln bleiben nicht lange schmuck.
Gevatter Zhang und auch die alte Dame Zheng
Verschwanden einst und niemand hörte mehr von ihnen.

[1] Die „Gelben Quellen" sind das Totenreich des chinesischen Volksglaubens.

寒山題詩
國清之西

13

Der Edle Dong, obwohl noch jung an Jahren,
Ging ein und aus am Kaiserhof.[1]
Vom Gelb der Gänsedaunen war sein Hemd,
Seine Gestalt wie ein Gemälde anzusehen.
Ritt stets ein Pferd mit schmucken weißen Läufen,
Schnell wie der Wind wirbelt es auf den roten Staub.
Am Straßenrand die Leute blickten ihm alle nach –
Aus welchem Haus mag dieser Mensch wohl stammen?

[1] Dong Xian lebte zur Zeit des Kaisers Ai der frühen Han-Dynastie (Regierungszeit 6.–1. Jh. vor unserer Zeitrechnung). Seine Schönheit machte Dong zu einem Günstling des Kaisers, der ihn zum Großmarschall beförderte. Als Dong Xian nach dem frühen Tod des Kaisers seines Amtes enthoben wurde, beging er Selbstmord (*Hanshu*, Kapitel 93).

14

Geht's um Berichte und Beschlüsse bin ich nicht ungeschickt,
Warum nur gibt mir niemand einen guten Posten?
Der Auswahlkommissar macht mir das Leben schwer,
Sucht ständig irgendwelche Fehler aufzudecken.
Es ist wohl alles eine Angelegenheit des Schicksals,
Drum will ich auch in diesem Jahr die Prüfungen versuchen.[1]
Ein blinder Junge, der auf des Spatzen Auge zielt,
Könnte vielleicht aus Zufall einmal treffen.

[1] Bevor ihnen eines der begehrten Staatsämter zugesprochen wurde, mußten die Beamten im alten China strenge Prüfungen ablegen, bei denen nicht nur administrative Kenntnisse, sondern u.a. auch literarische Fähigkeiten und Vertrautheit mit den konfuzianischen Klassikern gefragt waren.

15

Gibt's was zu freuen, freue dich daran –
Wir dürfen wahrlich keine Zeit verschwenden!
Man sagt, das Menschenleben daure hundert Jahr,
Doch wer erlebt schon ganze dreißigtausend Tage?
Wir sind in dieser Welt nur einen Augenblick,
Verschwende ihn doch nicht mit Streiterei um Geld!
Am Schluß des Klassikers der Kindespflicht,
Da kannst du alles über dein Begräbnis lesen.[1]

[1] Das *Xiaojing* („Klassiker der Kindespflicht") gehört nicht zum Kanon der Fünf Konfuzianischen Klassiker. Es wird teilweise Konfuzius und teilweise Zeng Can, einem seiner bekanntesten Schüler, zugeschrieben. Wahrscheinlich entstand das *Xiaojing* jedoch erst in wesentlich späterer Zeit. Im letzten Kapitel des *Xiaojing* ist von den Pflichten der Nachgebliebenen gegenüber den Verstorbenen die Rede.

16

Es gibt so manchen Menschen sparsamer Natur,
Doch Knickrigkeit entspricht nicht meiner Art.
Mein dünnes Kleid, vom vielen Tanzen durchgewetzt;
Der Weinkrug leer, weil ich beim Singen gerne einen hebe.
Seht zu, daß ihr euch stets den Bauch vollschlagen könnt,
Und rennt euch nicht eifrig die Beine ab!
Wenn euch erst mal das Unkraut durch den Schädel sprießt,
Dann könntet ihr es sonst bereuen.

17

Was für ein wohlerzogener, stattlicher Bursche,
Und wie belesen er in Klassikern und in Geschichte ist!
Mit „Herr Professor“ redet alle Welt ihn an,
Ein jeder spricht von ihm als dem „Gelehrten“.
Zu Amt und Rang hat er’s noch nicht gebracht,
Versteht aufs Pflügen sich genauso wenig.
Sein Winterkleid ist ein zerfetztes Leinenhemd –
Er hat sich wohl mit seinen Büchern selbst betrogen.

18

Nicht einmal hundert Jahre lebt der Mensch,
Doch hegt er ständig Kummer wie für tausend Jahre.
Von eigenen Gebrechen kaum erholt,
Beladen Kind und Enkel ihn mit Sorgen.
Jetzt muß er nach den Reissetzlingen sehen,
Sich dann noch um die Maulbeerbäume kümmern.
Geh doch die Wägsteine ins Ostmeer werfen,
Wenn sie zum Grund gesunken erst, weißt du was Frieden ist.[1]

[1] Die letzte Zeile enthält ein Wortspiel mit einem Gleichklang von *Dao* = „WEG“: *dao* = „ankommen, erreichen“ und *ti* = „Grund, Grundlage, Basis“ sind die ersten beiden Schriftzeichen. So könnte man auch lesen: Erst auf der Grundlage von Dao erfährst du Frieden.

19

Schriften im Gürtel, ging ich als Kind zum Pflügen,
Lebte von Anfang an bei meinem älteren Bruder.
Da jedermann was an mir auszusetzen hatte,
Zu allem Übel noch die eigene Frau mich mied,
Zerriß ich alle Bande dieser Welt des Staubs,
Bin ständig auf der Walze und lese was ich mag.
Wer von euch könnte eine Kelle Wasser leihen
Dem Fisch, gefangen in der Wagenspur?[1]

1 Die letzten beiden Zeilen beziehen sich auf folgende Geschichte aus dem *Zhuangzi*: Die Familie von Zhuang Zhou litt Not, und so ging er zu einem Marquis, der Aufseher des Gelben Flusses war, um von ihm etwas Getreide zu borgen.
„Geht in Ordnung", sagte der Aufseher des Gelben Flusses. „Ich bekomme demnächst Steuergelder aus meinem Lehen, und dann werde ich Euch dreihundert Goldstücke leihen. Ist Euch das recht?"
Zhuang Zhou stieg die Zornesröte ins Gesicht, und er sagte: „Als ich gestern hierher kam, hörte ich von der Straße her eine Stimme rufen. Als ich mich umdrehte und genauer hinsah, da fand ich einen Goldbarsch in einer Wagenspur. 'Na so etwas, Goldbarsch', sagte ich, 'was machst du denn hier?' Er antwortete darauf: 'Ich bin Minister der Wellen im Ostmeer. Habt Ihr nicht einen Eimer oder eine Schale Wasser, um mich am Leben zu erhalten?' – 'Aber ja', sagte ich, 'ich bin gerade auf dem Weg nach Süden in die Länder Ngwa und Viet; von dort werde ich einen Kanal mit Wasser aus dem Westfluß herleiten. Ist Euch das recht?'
Dem Goldbarsch stieg die Zornesröte ins Gesicht und er sagte: 'Ich habe meine natürliche Umgebung verloren und weiß nicht mehr ein noch aus. Bekomme ich einen Eimer oder eine Schale Wasser, so würde mich das am Leben erhalten. Wenn es nach Ihnen geht, mein Herr, dann können Sie bald in einem Laden für Trockenfisch nach mir suchen.'" (*Zhuangzi* XXVI.2)

20

Auf Wanderschaft kam ich zu einem alten Friedhof –
Ich weine bitterlich, über die Toten wie die Lebenden:
Zerstörte Gräber, die gelben Totenkisten aufgebrochen,
Durchlöcherte Särge, darin noch die weißen Gebeine.
Die Urnen haben sie alle umgestürzt,
Haarnadeln und Amtstafeln[1] sind aus den Trümmern verschwunden.
Auf einmal fährt ein Windstoß drein,
Und Staub und Asche wirbeln durcheinander.

[1] Die „Amtstafeln" waren zepterähnliche längliche Täfelchen aus kostbarem Material, die bei einer Audienz vor der Brust gehalten wurden. Die Verstorbenen wurden mit Grabbeigaben von Schmuck und eben diesen Amtstafeln bestattet.

21

Die Reichen feierten in einer großen Halle
Inmitten glitzernder und flackernder Lampions.
Da kam ein Mann, der nicht mal eine Kerze hatte,
Wollte am Rand des Lichtkreises verweilen.
Wer hätt gedacht, daß sie ihn treten und verjagen würden:
Zurück! Zurück! Verbirg du dich in Dunkelheit.
Würde denn ein Mensch mehr den Glanz vermindern?
So was! Auch noch mit überschüssigem Licht zu geizen!

22

Schon früher war ich ganz schön abgebrannt,
Doch heut in tiefer Armut, bitterer Kälte.
Was immer ich beginne, nichts will mir gelingen;
Wohin ich mich auch wende, schubst man mich herum.
Lauf ich im Matsch, rutsche ich dauernd aus,
Sitz ich bei Dörflern, knurrt der Magen unaufhörlich.
Seit ich auch das gescheckte Kätzchen noch verlor,
Belagern die Ratten meinen Reiskrug.

23

0 weh! – Armut und überdies noch Elend,[1]
Verwandte und Freunde standen mir nie nah.
Ich hatte lange keinen Reis im Vorratskrug,
Im Kochtopf sammelt oft genug sich Staub.
Ärmliche Hütte schützt mich nicht vor Regen,
Es tropft aufs Bett und den geschundenen Leib.
Kein Wunder, daß ich so ausgemergelt bin,
Solche Misere macht jeden Menschen krank!

1 „Armut und überdies noch Elend" bezieht sich auf den Anfang einer Geschichte aus dem *Zhuangzi*:
Als Meister Zhuang einst am König von Wei vorüberkam, trug er zerlumpte Gewänder aus grobem Tuch und hatte die Schuhe mit Zwirn zusammengebunden. „Wie kommt es, daß Ihr in solchem Elend seid, Meister?" fragte der König von Wei.
„Das ist Armut", sagte Meister Zhuang, „nicht Elend. Wenn ein Gelehrter im Besitz von WEG und TUGEND ist, sie jedoch nicht praktizieren kann, dann ist er elend. Wenn seine Kleidung verschlissen ist und seine Schuhe Löcher haben, dann ist er arm, nicht elend." (*Zhuangzi* XX.6)

24

Sie lachen über mich: „Seht diesen Bauerntölpel,
Was er für ungeschlachte Züge hat!
Sein Hut hat nie die angemessene Höhe,
Den Gürtel trägt er immer viel zu eng.“
Nicht, daß ich keine Ahnung von der Mode hätte,
Doch ohne Geld kannst du nicht mithalten.
Wenn eines Tages ich viel Geld besitze,
Trage ich Hüte, hoch wie die Pagode dort!

25

Gewisse Leute prahlen gern mit ihrem Lebenswandel,
Sie halten sich für talentierter noch als Kong und Zhou.[1]
Doch seht nur, ihre Köpfe sind starrsinnig und verbohrt,
Und ihre Art ist rauh und ungehobelt.
Zieht sie an einem Seil, sie mögen sich nicht rühren;
Stecht sie mit einer Ahle, nichts kann sie bewegen.
Genauso wie der Kranich des Herrn Yang
Sie sind, so fürchte ich, als Blödköpfe geboren.[2]

1 Der Meister sprach: „Wenn einer die Schönheit der Talente des Fürsten Dschou [Zhou] hat, aber bei ihrer Anwendung hochfahrend und knickerig ist, so ist das übrige keines Blickes wert.“ (Kongzi <Konfuzius>, *Lunyu* VIII.11 <R. W.>)

2 Ein gewisser Yang Shuzi besaß einen Kranich, der ganz ausgezeichnet tanzen konnte. Als er vor anderen Leuten mit den Talenten seines Vogels prahlte, baten diese ihn um eine Demonstration der Tanzkünste des Kranichs. Stolz führte Herr Yang den Kranich vor, aber dieser rührte sich nicht und stand nur »blöde« da. (*Shishuo* xinxu)

26

Die Sünden anderer soll man nicht bekämpfen,
Man soll sich nicht der eigenen Tugend rühmen.
Wird man gebraucht, so ist es gut zu handeln,
Wenn nicht gebraucht, ziehe man sich zurück.
Hohes Einkommen bringt großer Pflichten Sorgen,
Tiefschürfende Rede zieht auch das Seichte in Betracht.
Ich höre solche Sprüche immer wieder hergeleiert –
Sowas versteht doch jedes Kind von selbst![1]

1 Die literarischen Gemeinplätze, über die sich Hanshan hier lustig macht, stammen aus dem konfuzianischen *Lunyu*, dem *Hou Hanshu* und dem *Shujing*.

27

Östlich von mir wohnt eine alte Frau,
Die wurde erst vor ein paar Jahren reich.
Früher da war sie ärmer noch als ich,
Heut lacht sie, weil ich keinen Pfennig habe.
Sie lacht, weil sie sich überlegen fühlt,
Ich lache, daß sie emporgekommen ist.
So hören wir nicht auf, uns gegenseitig auszulachen –
Sie aus dem Osten, ich vom Westen.

28

Vergebens plagte ich mich mit den Drei Geschichtsbüchern,
Vertan die Zeit der Brütens über den Fünf Klassikern.[1]
Ich werde bis ins Alter gelbe Zensuslisten prüfen,
Und wie gehabt an weißen Steuerformularen sitzen.
Befrag ich das Yijing, dann prophezeit es Schwierigkeiten,
Mein Leben ist beherrscht von einem schlechten Stern.
Dem Baum am Flußufer werd ich wohl niemals gleichen,
Der Jahr für Jahr aufs neue grünt.

1 Die „Drei Geschichtsbücher" sind das *Qian hanshu*, das *Hou hanshu* und das *Dongguan hanji*. Die „Fünf Klassiker" wurden der Tradition nach von Konfuzius (Kongzi) gesammelt, redigiert und herausgegeben. Die sogenannten Konfuzianischen Klassiker sind das *Yijing* („Buch der Wandlungen"), das Shujing („Buch der Geschichte"), das *Shijing* („Buch der Lieder"), das *Liji* („Buch der Sitten") und das *Chunqiu* („Frühlings- und Herbstannalen").
Eine eingehende Kenntnis dieser Werke war eine Voraussetzung für das Bestehen der Beamtenprüfung und den Aufstieg in der Beamtenhierarchie.

29

Kannst du durch Bücherlesen etwa dem Tod entrinnen?
Kannst du durch Bücherlesen etwa dir Armut ersparen?
Warum nur will dann jedermann das Lesen lernen? –
Weil man damit die anderen übertreffen kann!
Der stattlichste Mann, so er nicht lesen kann,
Findet kein Auskommen in dieser Welt.
Drum tauche deine Medizin[1] in etwas Knoblauchsoße,
Und du vergißt, daß sie so bitter ist.

[1] „Medizin" ist wörtlich *huanglien*, eine bitter Pflanze, die als Medizin verwendet wurde *(Coptis japonica)*.

30

Wir armen Literaten sind alle vom Unglück verfolgt,
Hunger und Kälte – bei uns sind sie immer am ärgsten.
Wir haben viel Zeit, um unsere Gedichte zu schreiben,
Mit Inbrunst kritzelnd, kritzelnd geben wir uns aus.
Doch wer will solcher Taugenichtse Werke lesen?
Drum rat ich dir, hör auf mit dem Gejammer!
Schrieben wir auch auf feinste Reisküchlein –
Selbst streunende Hunden würden nicht anbeißen.

31

Das neue Korn war noch nicht reif,
Da hatte ich das alte schon verbraucht.
Drum ging ich, einen Scheffel auszuleihen,
Stand zögernd draußen vor dem Tor.
Der Hausherr kam und riet mir, seine Frau zu fragen.
Fragt meinen Mann! – so wies die Frau mich ab.
Zu knauserig, um einem, der arm dran ist, auszuhelfen,
sie werden um so törichter, je größer der Besitz.

32

Nur Last und Ärger, seit ich ins öffentliche Leben trat,
Die ständige Geschäftigkeit hat mich total verändert.
Doch konnte ich bisher nicht von den Konventionen lassen,
Fahre darum mit Höflichkeitsbesuchen fort.
Gestern sprach ich zum Tod eines gewissen Xu mein Beileid aus,
Heut ging ich zum Begräbnis eines Herrn Liu.
Auf diese Weise Tag für Tag beschäftigt,
Macht sich Verdruß in meinem Herzen breit.

33

Oft denk ich an die Tage meiner Jugendzeit,
Als ich auf Jagd durchstreift die Gegend um Pingling[1].
Mir stand der Sinn nicht nach Regierungsposten,
Schätzte selbst der Unsterblichen Dasein gering.
Auf einem Schimmel sprengte ich den ganzen Tag umher,
Ließ jubelnd meinen Falken auf die Hasen los.
Ehe ich mich versah, ist alles das zerronnen –
Die Haare weiß, wer kümmert sich dann noch um dich?

1 Pingling ist das Grabmal des Kaisers Zhao der Han-Dynastie (Regierungszeit 86–74 v.u.Z.). Es liegt in der Näher der zu Hanshans Zeiten blühenden Hauptstadt Changan.

34

Sieh dort vom grünen Laub umrankt die Blüten –
Wie lange wohl wird ihre Pracht noch dauern?
Heut bangen sie vor einem Menschen, der sie pflückt,
Morgen erwarten sie den Gartenbesen eines anderen.
Wie lieblich sind der Jugend zarte Träume,
Doch viele Jahre führen dann zum Greisenalter.
Betrachte du die Welt wie jene Blüten,
Rosige Wangen – wer kann sie lang bewahren?

35

Einst reiste ich umher mit Schwert und Schriftrollen,
Ich lebte unter drei vollkommenen Herrschern.[1]
Im Osten als Beamter fand ich keine Anerkennung,
Im Westen als Soldat erwarb ich keine Ehrenzeichen.
Studierte schöne Künste und auch das Kriegshandwerk,
Studierte Kriegshandwerk und auch die schönen Künste.
Bis heute bin ich nichts geworden als ein Greis,
Was bleibt von meinem Leben – nicht der Rede wert!

[1] Der Kaiser Wu (reg. 140–86 v.u.Z.) stattete einst seiner Kanzlei einen Besuch ab. Dort fiel ihm ein uralter Mann auf. Der Kaiser fragte den Greis, wann er Schreiber geworden sei. Dieser antwortete: „Euer Diener wurde ein Schreiber zur Zeit des Kaisers Wen (reg. 179–156 v.u.Z.). Der Kaiser Wen bevorzugte die schönen Künste, Euer Diener das Kriegshandwerk. Dann kam der Kaiser Jing (reg. 156–140 v.u.Z.); dieser bevorzugte Schönheit, doch Euer Diener ist häßlich. Als Ihre Majestät auf den Thron kamen, bevorzugte sie Jugend, während ich schon alt war. So habe ich in drei aufeinanderfolgenden Regierungszeiten nicht das Richtige getroffen und wurde in der Kanzlei alt." Der Kaiser war zutiefst gerührt und beförderte den Greis. *(Hanwu gushi)*

36

Der weiße Kranich, einen Pfirsichzweig im Schnabel,[1]
Machte nur alle tausend Meilen einmal Rast.
Er wollte fliegen in das Märchenland Penglai[2],
Als Wegzehrung sollte der Zweig ihm dienen.
Noch nicht am Ziel, da fielen ihm die Federn aus,
Fern von der Schar wurde das Herz ihm schwer.
Doch als er in sein altes Nest zurückkehrte,
Da kannten Frau und Kinder ihn nicht mehr.

[1] Der „weiße Kranich", mit dessen Reise Hanshan seine Suche nach dem Glück hier vergleicht, wird in der chinesischen Literatur oft mit dem Aufstieg zur Unsterblichkeit assoziiert; der Pfirsich ist die Speise der Unsterblichen.

[2] Penglai, das chinesische Märchenland, ist eine der Drei Inseln der Seligen im Östlichen Meer.

37

Auf edlen Pferden, mit korallverzierten Peitschen,
Galoppieren sie über den Weg nach Loyang[1].
Noch spielen sie sich auf, diese jungen Gecken,
Glauben nicht, daß auch sie einmal altersschwach werden.
Ein Weilchen noch, dann bringt das Leben weißes Haar –
Wer könnte seine roten Wangen lang bewahren?
Seht ihr die Gräber am Pemang[2]?
DAS ist das Märchenland Penglai!

1 Loyang, heute Henanfu, war die Hauptstadt unter der Östlichen Han-Dynastie.
2 Pemang ist ein für seine Friedhöfe bekannter Berg in der Nähe von Loyang.

38

Ein Mann mit klarem Kopf, robustem Körper;
Er meistert jede der Sechs Fertigkeiten[1].
Doch wendet er sich Süd-wärts, landet er im Norden,
Will er gen Westen, verschlägt es ihn nach Osten.
Wie Seetang treibt es ihn ohne Halt umher,
Niemals in Ruhe, gleich dürrem Gras im Wind.
Ihr fragt, was für ein Mensch das sei?
Armut heißt er, und Elend ist sein Rufname.[2]

[1] Die „Sechs Kunstfertigkeiten" des chinesischen Edelmannes sind: Etikette, Musik, Bogenschießen, Wagenlenken, Kalligraphie und Mathematik.

[2] Zur „Armut und Elend" siehe die unter Nr. 23 zitierte Geschichte aus dem *Zhuangzi*.

39

Im Abenddämmer spielt eine Mädchenschar,
Der Wind trägt ihren Duft über die ganze Straße.
Röcke geschürzt mit goldnen Schmetterlingsbroschen,
Jadene Mandarinenten auf ihren Haarnadeln.
Die Kammerzofen sind gehüllt in rote Seide,
Mit purpurnem Brokat bekleidet die Eunuchen.
Alle gaffen mich an, der ich den WEG verlor –
Ein Mann mit weißen Schläfen, ruhelosem Sinn.

40

Der Jahreszeiten Wandel rastet nie,
Ein Jahr geht hin, und ein Jahr kommt.
Es gibt für alle Lebewesen Blüte und Vergehen,
Die Neun Himmel allein kennen keinen Verfall.
Dämmert's im Osten, wartet im Westen schon die Dunkelheit,
Die Blüten fallen – neue Blüten brechen auf.
Allein die Menschen, die zu den Gelben Quellen reisen,
Gehen in tiefe Dunkelheit und kehren nicht zurück.[1]

[1] Nach chinesischem Glauben hat der Himmel neun Bereiche, einen zentralen und acht Randbereiche; die Gelben Quellen sind das Totenreich.

41

Warum nur bin ich immer so verzweifelt? –
Das Menschenleben gleicht dem Morgenpilz[1].
Wer überdauerte einige Dutzend Jahre?
Jung oder alt, sie alle welken hin und fallen.
Daran zu denken, macht mir das Herz so schwer;
O dieser Schmerz! Ich kann ihn kaum ertragen.
Was soll ich tun? Sagt doch – was soll ich tun?
Wirf ab den Körper, kehre heim auf verborgenen Gipfel![2]

1 Der „Morgenpilz" ist ein kleiner Pilz, der am Morgen aufsprießt und schon vor dem Abend wieder verwelkt.

2 Die Antwort der letzten Zeile auf Hanshans verzweifelte Frage könnte eine Antwort des Orakels sein; vergleiche Nr. 28, Nr. 44 und Nr. 88.

42

Vor dreißig Jahren kam ich auf die Welt,
Immer auf Wanderschaft, tausend, zehntausend Meilen;
Reiste vom grasgesäumten Yangtsekiang
Bis in den roten Staub des Grenzlandes im Norden.
Ich braute Elixiere, suchte vergeblich nach Unsterblichkeit,
Studierte Schriften und rezitierte die Geschichtswerke.
Heimgekehrt heute zum Hanshan,
Bette den Kopf ich auf dem Strom und wasche meine Ohren.[1]

[1] Als sich Sun Zhu, ein Beamter der Jin-Dynastie, in die Berge zurückzog, wollte er einem Freund sagen, er werde „den Kopf auf einem Stein Betten und den Mund im Strom spülen". Er versprach sich jedoch und sagte, er wolle „den Kopf auf dem Strom betten und den Mund mit einem Stein spülen". Als er diese seltsame Aussage erklären sollte, zog er sich geschickt aus der Affäre: „Wenn ich den Kopf auf dem Strom bette, kann ich meine Ohren auswaschen. Wenn ich den Mund mit einem Stein spüle, poliere ich meine Zähne." (*Shishuo xinyu*, Yanyu-Kapitel)
Sun Zhu bezog sich dabei auf eine Geschichte über den legendären Einsiedler Xu Yu. Als Kaiser Yao dem Xu Yu anbot, den Thron zu übernehmen, wendete dieser sich hastig um und ging seine Ohren im Fluß ausspülen, um sie von diesem Anerbieten zu reinigen. *(Yishi chuan)*

43

Erinnerungen an Erlebnisse vergangener Zeiten –
Von einer Attraktion der Menschenwelt zog ich zur anderen.
Ich freute mich der Berge, erklomm schwindelnde Höhen,
Liebte das Wasser und segelte auf tausend Booten;[1]
Gab Abschiedsfeste manchem Gast im Lauten-Tal,
Brachte die Zither und spielte auf der Papageien-Insel.
Wer hätt gedacht, daß ich nun unter diesen Föhren kauere,
Die Knie umklammert in sausender, rauschender Kälte.

1 Der Meister sprach: „Der Wissende freut sich am Wasser, der Fromme ('Sittliche') freut sich am Gebirge. Der Wissende ist bewegt, der Fromme ruhig. Der Wissende hat viele Freunde, der Fromme hat langes Leben. (Kongzi, *Lunyu* VI.21 <R.W.>)

44

Nach dem Orakel wählte ich einen abgelegenen Wohnort,
Tiantai – was gäbe es da mehr zu sagen ...[1]
Durch nebelkalte Schluchten hallen Affenschreie,
Grastor verschmilzt mit Grün des Heiligen Berges.
Die Waldhütte zu decken, breche ich Blätter ab,
Hebe ein Becken aus und leite Quellwasser herbei.
Gern tat ich ab der Welt endlose Händel,
Will für den Rest des Lebens Farne sammeln.[2]

1 Das Tiantai-Gebirge war allgemein bekannt als Zufluchtsort für daoistische Einsiedler und buddhistische Mönche. Wer sich zum Tiantai zurückzog, tat es in der Absicht, der Welt zu entsagen.

2 Die Brüder Boyi und Shuqi zogen sich bei der Machtübernahme der Zhou-Dynastie aus Loyalität zur gefallenen Shang-Dynastie auf den Shouyang-Berg zurück. Sie lebten dort von Farnen, bis sie an Unterernährung starben. (*Shiji*, Kap. 6)

45

Beim Spiel der Vögel überwältigt von Gefühlen,
Ruhe ich nun in grasgedeckter Hütte aus.
Die wilden Kirschen leuchten glänzend rot,
Und Weidenruten hängen langgefiedert.
Im Biß blauschwarzer Grate steht die Morgensonne,
Heitere Wölkchen baden im dunkelgrünen See.
Könnt ihr verstehn, daß ich die Welt des Staubs verlassen,
Den Schritt gelenkt zum Südhang des Hanshan?

46

Einsam lieg ich am Fuße aufsteilender Felsen,
Wo mittags selbst die Nebel sich nicht teilen.
Ist es in dieser Hütte auch fast dunkel,
So ist mein Sinn hier fern von Lärm und von Geschrei.
Ein Traum, als ich noch schweifte zwischen goldenen Portalen,
Über die Felsenbrücke[1] kehrt meine Seele heim.
Ich hab den Weltenrummel hinter mir gelassen,
Die Schöpfkelle klappert und klappert im Baum.[2]

1 Die „Felsenbrücke" ist eine berühmte natürliche Brücke im Tiantai-Gebirge, in das Hanshan sich in die Einsamkeit zurückzog.

2 Die letzte Zeile bezieht sich auf eine weitere Episode aus dem Leben des Xu Yu (vergl. Anm. zu Nr. 42). Jemand wollte dem Einsiedler etwas Gutes tun und schenkte ihm eine Schöpfkelle, damit er sein Trinkwasser nicht mehr mit der hohlen Hand schöpfen müsse. Nachdem Xu Yu die Kelle jedoch einmal gebraucht hatte, ließ er sie in einem Baum hängen, wo sie nutzlos im Wind klapperte. *(Yishi chuan)*

47

Ich steige, steige auf dem Hanshan-Weg,
Die Reise zum Hanshan nimmt nie ein Ende.
Die Schlucht entlang, über Felsbrocken, Steine, Steine,[1]
Durch nebeldunkles Gras im weiten Tal.
Das Moos ist glitschig, nicht nur wenn es regnet,
Die Föhren knarren, doch es geht kein Wind.
Wer kann sich befreien aus den Verstrickungen der Welt,
Mit mir zu sitzen zwischen Weißen Wolken[2]?

[1] Diese Zeile ist im chinesischen Original ein schönes Beispiel für das Spiel mit den bildhaften Qualitäten der chinesischen Schriftzeichen, das nicht in eine Übersetzung hinüberzuretten ist: Die letzten drei Schriftzeichen sind „Fels/Stein“ und dann zweimal das Zeichen für „viele Steine“, welches aus drei kleinen „Felsen“ zusammengesetzt ist. Man sieht in der von oben nach unten geschriebenen chinesischen Gedichtzeile förmlich, wie sich unterhalb eines großen Felsens eine Geröllhalde erstreckt.

[2] Die „Weißen Wolken“, die sich absichtslos bilden und die ohne Widerstreben vergehen, sind in der daoistischen und buddhistischen Literatur Chinas ein Symbol der Erleuchtung, der Befreiung aus aller Begrenzung, das in den Gedichten des Hanshan immer wieder auftaucht.

48

Stufe auf Stufe prächtiger Landschaften,
Nephritfarbene Berge, vom Morgenrot eingefaßt.
Nebel wischt Feuchte auf meine Baumwollkappe,
Tau netzt den Umhang von geflochtenem Stroh.
Die Füße unbeschwert in den Sandalen eines Pilgers,
Die Hand hält einen alten Wanderstab.
Einmal hinausgeschaut über die Welt des Staubes –
Wie könnte ich zurückkehren ins Reich der Träume!

49

Ich lebe voller Freude mit dem Alltags-WEG
In einer Grotte unter dunstverhangenen Kletterpflanzen;
Mein wildes Herz vollkommen frei und ledig,
Für immer Weißer Wolken müßiger Gefährt.
Kein Pfad verbindet mich mehr mit der Welt,
Bin absichtslos – was könnte mich noch fesseln?
Auf einer Felsplatte sitze ich einsam in der Nacht,
Während der Vollmond aufsteigt am Hanshan.[1]

[1] Dieses Gedicht ist voller zen-buddhistischer Bezüge, von den hier nur die wichtigsten angeführt seien:
Einer der berühmtesten Aussprüche des großen chinesischen Zen-Meisters Mazu (jap.: Baso) ist: „Das alltägliche Bewußtsein ist der WEG."
Wu xin, die „Absichtslosigkeit" (auch: Nicht-Bewußtsein) ist einer der Zentralbegriffe des Zen; sie soll erreicht werden durch die Praxis des *Zuochan* (jap.: *Zazen*), das „SITZEN in Versunkenheit".
Der Vollmond ist im Zen ein Symbol des makellosen Buddha-Wesens, das allen Wesen innewohnt, oder auch der Erleuchtung.
Das Gedicht erinnert an den ersten Patriarchen des Zen in China, Bodhidharma, der nach seiner Ankunft aus Indien in einer Höhle beim Shaolin-Kloster neun Jahre vor einer Felswand sitzend Zazen übte.

50

Es lebt der Mensch in Dunkelheit und Staub,
So wie ein Käfer, der im Krug gefangen,
Krabbelt den ganzen Tag im Kreis, im Kreis –
Doch diesem Krug entflieht er nicht!
Nie kann den Unsterblichen er sich zugesellen,
Denn seine Leidenschaften sind unendlich.
Monate, Jahre verströmen wie ein Fluß,
Ein Augenblick nur, und er ist ein alter Mann.

51

Die reichen Leute haben viele Sorgen,
Sie machen nur Geschäfte, können nichts dankbar annehmen.
Wenn auch der Reis in ihren Kornspeichern schon fault,
Leihen sie doch an niemand einen Scheffel aus.
Ihre Gedanken kreisen ständig um Profit,
Aus billig eingekaufter Seide machen sie „Erste Ware".
Doch dann an ihrem Todestag
Kommen nur Fliegen kondolieren.

52

Da ist ein Bauernhof mit großen Maulbeerbäumen,
Die Stallungen stehn voller Ochsen und voll Kälber.
Wem solches zufällt, der sollte doch an Karma[1] glauben,
Voll Eigensinn jedoch verderben sie's von früh bis spät.
In einem Augenblick geht alles in die Brüche,
Und bald ist aller Lebensunterhalt verpfändet.
In Hosen aus Papier, mit einem Dachziegel als Lendenschurz
Verhungern und erfrieren sie am Ende.

[1] Karma oder das „Gesetz von Ursache und Wirkung" besagt, daß alles, was einem Menschen während seines Lebens widerfährt, die Wirkung früherer Ursachen ist, d.h. seiner und seiner Vorfahren Taten in diesem und in allen früheren Leben. Genauso ist jede Handlung und vor allem die hinter den Handlungen stehende Absicht wiederum Ursache, welche sich in der Zukunft auswirkt. Vergleiche auch Nr. 99

53

Ein Gast bekrittelte den Meister vom Hanshan:
In deinen Versen fehlen die Rechten Grundsätze[1],
Las ich doch bei den Weisen aus dem Altertum,
Daß sie sich ihrer Armut niemals schämten!
Ich mußte über seine Worte lachen –
Geschwollene Reden führen ist wohl leicht.
Doch möchte ich dich in meiner heutigen Lage sehen,
Wie wichtig dann die Groschen für dich wären.

[1] Die „Rechten Grundsätze" sind die Prinzipien der Lehre vom WEG *(dao)* und seiner TUGEND *(de)*.

54

Vier oder fünf halbstarke Schwachköpfe,
Nichts, was sie tun, ist wahr und aufrichtig.
Haben noch keine zehn Schriften studiert,
Doch mit kritischem Pinsel sind sie schnell bei der Hand.
Sie nehmen den „Lebenswandel des Gelehrten"[1]
Und nennen es einen Räuberkodex –
Sind dabei „selbstlos" wie der Bücherwurm,
Der anderer Leute Folianten zerfrißt.[2]

[1] Der „Lebenswandel des Gelehrten" ist ein Kapitel aus dem konfuzianischen *Liji* („Buch der Sitten"). Dieses Kapitel enthält Anweisungen für den rechten Lebenswandel des konfuzianischen Gelehrten.

[2] Zu Hanshans Zeiten war es gang und gäbe, daß sich Daoisten, Buddhisten und Konfuzianer gegenseitig beschimpften. Hanshan kritisiert hier offenbar einige buddhistische Mönche, die sich in den Streit der Meinungen eingelassen haben. Die „Selbstlosigkeit" (wörtl.: *duo di* = „den Körper fahren lassen") wird im Buddhismus besonders betont.

55

Hanshan – so finster und geheimnisvoll,
Wer ihn besteigt, tut es in Angst und Schrecken.
Im Mondlicht tiefer Wasser Glitzerglanz,
Wind fährt durch die Gräser rischelraschel.
Schneeblüten trägt der dürre Pflaumenbaum,
Wolken statt Blattwerk in den kahlen Wipfeln.
Ein Schauer wandelt alles wie mit Geisterhand,
Den Aufstieg schaffst du nur bei klarem Himmel.

56

Mein Heim liegt unterhalb der grünen Klippen,
Der Hof überwuchert, mag ihn auch nicht mähen.
Und immer neue Ranken baumeln verschlungen herab,
Uralte Felsen steilen senkrecht auf.
Die Affen kommen wilde Beeren pflücken,
Der Reiher schnappt sich Fische aus dem Teich.
Mit ein paar Schriftrollen von den Unsterblichen
Sitze ich murmelnd, murmelnd unterm Baum.

57

Wie wohl uns doch zur Zeit des Chaos war,
Wir brauchten nicht zu essen, nicht zu pissen.
Wer suchte uns mit seinem Bohrer heim,
Um uns mit den Neun Löchern zu versehen?[1]
Tag über Tag müssen wir essen und uns ankleiden,
Und Jahr für Jahr erneut der Ärger mit den Steuern.
Tausende von uns streiten um einen Groschen,
Sie rennen sich die Köpfe ein und schrein aus vollem Hals.

[1] Am Ende der ersten *sieben* Bücher des *Zhuangzi*, welche die Grundlage der Lehre des großen Daoisten gleichen Namens enthalten (es gibt Gründe zu der Annahme, daß nur dieser Teil des Werkes von Zhuangzi selbst stammt), erzählt Zhuangzi im *siebten* Abschnitt die folgende Geschichte über den Tod des „Chaos" (Ungestalt) – welches die undifferenzierte Einheit im Gegensatz zur phänomenalen Welt der Unterschiede, das absichtslose Nichttun *(wu wei)* im Gegensatz zur Welt der Absichten und der Funktionalität symbolisiert. (Es ist typisch für Zhuangzis hintergründigen Humor, daß er mit diesem Zahlenspiel nahelegt, die sieben Kapitel seines Werkes entsprächen im Grunde nur dem überflüssigen Bohren der sieben Löcher.):
Der Herr des Südmeeres war Hastewas, der Herr des Nordmeeres war Kannste, und der Herr der Mitte war Ungestalt. Hastewas und Kannste trafen sich oft im Land von Ungestalt, und Ungestalt begegnete ihnen stets äußerst zuvorkommend. Hastewas und Kannste wollten Ungestalt seine Freundlichkeit entgelten und sagten sich: „Alle Leute haben sieben Löcher zum Sehen, Hören, Essen und Atmen. Ungestalt hat keins. Wir wollen ihm ein paar Löcher bohren." So bohrten sie jeden Tag ein Loch, und am siebten Tage starb Ungestalt. (*Zhuangzi* VII.7)

58

Zhuangzi sagte, daß bei seinem letzten Geleit
Der Himmel und die Erde seinen Sarg abgäben.[1]
Wenn dann für mich die Zeit zur Heimkehr kommt,
Brauche ich nur ein paar Banenstaudenblätter.
Als Leiche werde ich die grünen Fliegen füttern,
Bei weißen Kranichen[2] müht man sich nicht um Totenklage.
Und übermannt mich auch der Hunger auf dem Shouyang-Berg,
Nach einem unbescholtenen Leben ist auch der Tod voll Freuden.[3]

[1] Als Meister Zhuang dem Tode nahe war, ließen seine Schüler erkennen, daß sie ihm gern ein prächtiges Begräbnis bereitet hätten. Meister Zhuang sagte: „Himmel und Erde werden mein äußerer und mein innerer Sarg sein, Sonne und Mond meine beiden Jadestücke, die Sterne und Konstellationen mein Perlenschmuck und die Myriaden Dinge meine Grabbeigaben. Ist mein Begräbnis damit nicht genügend ausgestattet? Was gäbe es da noch hinzuzufügen?"
„Wir haben Angst, daß Euch die Krähen und Falken fressen, Meister", sagten die Schüler.
Meister Zhuang sagte: „Hier oben fressen mich die Krähen und Falken; da unten fressen mich die Maulwurfsgrillen und Ameisen. Warum parteiisch sein, indem ihr mich den einen wegnehmt und mich den anderen überlaßt?" (*Zhuangzi* XXXII.14)

[2] Der Kranich wird oft mit den Weißen Wolken in Verbindung gebracht und ist, ebenso wie diese, ein Symbol der Befreiung aus aller Begrenzung.

[3] Auf den Shouyang-Berg zogen sich die Brüder Boyi und Shuqi in die Einsamkeit zurück (vgl. Anmerkung zu Nr. 44). Boyi und Shuqi wurden als Musterbeispiele für Loyalität und einen integeren Lebenswandel angesehen.

59

Tod und Leben sind uns vorbestimmt,
Reichtum und Ansehen kommen vom Himmel[1] –
So sprach einst ein Mensch des Altertums,
Ich sage euch: Das sind auch heute keine Ammenmärchen.
Ein weiser Mann mag ruhig in jungen Jahren sterben,[2]
Der Narr allein sehnt sich nach einem langen Leben.
Hohlköpfe horten viele Schätze,
Der wissende hat keinen Pfennig.

[1] Si Ma Niu war betrübt und sprach: „Alle Menschen haben Brüder, nur ich habe keinen." Dsi Hia sprach: „Ich habe gehört: Tod und Leben haben ihre Bestimmung, Reichtum und Ansehen kommen vom Himmel. Der Edle ist sorgfältig und ohne Fehl: innerhalb der vier Meere sind alle seine Brüder. Warum sollte der Edle sich bekümmern, daß er keine Brüder hat?" (Kongzi, *Lunyu* XII.5 <R.W.>)

[2] Zur fünften Zeile vergleiche Anmerkung zu Nr. 73.

60

Seit ich mich einst auf den Hanshan zurückzog,
Ernähr ich mich von seinen wilden Früchten.
Ein friedliches Leben, was braucht ich mich zu sorgen,
In dieser Welt nimmt alles seinen vorbestimmten Lauf.
Tage und Mode verströmen unaufhaltsam wie der Fluß,
Unsere Lebenszeit – Funken von einem Feuerstein!
Die Welt zu ändern überlaß ich euch –
Ich sitze stillvergnügt zwischen den Klippen.

61

Bin ich nicht um der Berge Wonnen zu beneiden,
In Muße wandernd und von niemand abhängig?[1]
Der Sonne nachjagend, macht man sich nur kaputt,
Ruhen erst die Gedanken, dann bleibt nichts zu tun.[2]
Gelegentlich entrolle ich eines der alten Sûtras,
Klettere ab und zu zum Felsschlößchen hinauf;
Schaue hinab auf tausend Klafter tiefe Schluchten,
Über mir quellen Wolkenwirbel auf.
Ein kalter Mond, frostigen Windes Sausen _
Mir ist wie einem einsam ziehenden Kranich zumut.

1 „In Muße wandernd" oder auch „Unbekümmertes Wandern" ist der Titel des ersten Buches des *Zhuangzi*. Der Begriff „Muße" hatte für die alten Chinesen nicht den negativen Beigeschmack, den er in unserer modernen leistungsorientierten Gesellschaft hat; er bezeichnete vielmehr den unbekümmerten Geisteszustand ungebundener Gelassenheit, den nur der Weise zu verwirklichen vermag, der sich ganz aus den Verstrickungen der Welt lösen kann.

2 Wer das Lernen übt, vermehrt täglich.
Wer den SINN übt, vermindert täglich.
Er vermindert und vermindert,
Bis er schließlich ankommt beim Nichtsmachen.
Beim Nichtsmachen bleibt nichts ungemacht.
Das Reich erlangt man nur,
Wenn man immer frei bleibt von Geschäftigkeit.
Die Vielbeschäftigten sind nicht geschickt,
Das Reich zu erlangen.
(Laozi, *Daodejing* 48 <R.W.>)

白雲如帶束山腰石
磴飛空細路遙獨倚
杖藜舒眺望欲因鳴
澗答吹簫 沈周

62

Die Leute fragen nach dem Hanshan-Weg –
Hanshan? Kein Pfad führt euch dorthin!
Hier schmilzt das Eis auch spät im Sommer nicht,
Im Nebel steigt die Sonne blaß wie der Mond.
Und ich, wie ist es mir gelungen?
Mein Sinn ist nicht dem euren gleich.
Wenn euer Sinn wie meiner wäre,
Dann führte er auch euch hierher.

63

Hoch in zerklüftetem Gebirge Weiße Wolken,
Wellen kräuseln die Weite des blaugrünen Sees.
Hier höre ich von Zeit zu Zeit den alten Fischer[1],
Wie stakend er zum Klappern seiner Stange singt.
Wieder und wieder diese Stimme, mag sie nicht mehr hören,
Zu viele traurige Erinnerungen ruft sie wach –
Wer will behaupten, der Spatz habe kein Horn?
Seht doch, wie er ein Loch ins Dach mir bohrt![2]

1 Fischer und Holzfäller (vergleiche Nr. 1) sind in der chinesischen Dichtung Inbegriffe des Einsiedlerlebens.

2 „Wer sagt, der Spatz habe kein Horn?
Womit hat er das Loch ins Dach gebohrt?"
Shijing („Buch der Lieder") Shaonan 6.2

64

Im letzten Jahr beim Frühlings-Vogelsang
Gedachte ich voll Sehnsucht meiner Kameraden.
Während in diesem Jahr die Chrysanthemen welken,
Denk ich zurück an meine Jugendzeit.
Grünblaue Wasser glucksen allerorts im Lande,
Rings in den Ebenen wirbelt der gelbe Staub.[1]
Ach! Muß ich denn mein ganzes Leben lang[2]
Mit solcher Wehmut an die Hauptstadt denken?

[1] Zu den Zeilen 5 und 6 vergleiche Gedicht Nr. 42.

[2] „Mein ganzes Leben lang" ist im Original wörtlich: „innerhalb von einhundert Jahren". „Hundert Jahre" ist im Chinesischen ein Synonym für „ein Menschenleben"; vergleiche dazu Nr. 15 und Nr. 126.

65

Wie eisig kalt es hier tief im Gebirge ist!
Von alters her, nicht erst in diesem Jahr.
Schartige Gipfel, unter ewigem Schnee erstarrt,
Düstere Wälder speien Nebelschwaden.
Gras wächst erst nach der Ährenzeit,
Die Blätter fallen schon vor Herbstanfang.
Ein Wanderer hier, tief in Verirrung[1] –
Er späht und späht, doch sieht den Himmel nicht.

[1] „Verirrung“, chin.: *mi* = sich verirren, sich verlaufen“, aber auch in der Bedeutung von „Verblendung“ (Skrt.: *mâyâ*).

66

Ein seltsamer WEG führt zum Hanshan,
Da ist nicht eine Spur von Pferd und Wagen.
Kaum möglich, sich die gewundenen Schluchten einzuprägen,
Steilwände ragen unabsehbar hoch.
Tausend verschiedene Gräser weinen Tau,
Die Kiefern alle gleich, drin stöhnt der Wind.
Hab mich verirrt, finde den geraden Weg nicht mehr –
Körper fragt Schatten: Wohin von hier?

67

Ich halte Ausschau: Ach! So weit das Auge sieht,
Stehn Weiße Wolken rings in grenzenloser Weite.
Eulen und Krähen, fett, faul und aufgeblasen,
Doch Luan und Feng in Hunger verloren und verirrt![1]
Edle Pferde, versprengt in weiter Steppe,
Nur lahme Esel schaffen es bis in die große Halle.[2]
Des hohen Himmels Wege sind nicht zu erforschen –
Ein Zaunkönig über den kalten weiten Wellen.[3]

1 Luan und Feng sind prächtige Vögel aus der chinesischen Fabelwelt; beide Wörter werden im allgemeinen mit „Phönix“ übersetzt, obwohl sich mit den chinesischen Fabelwesen kein Wiederauferstehungsmythos verbindet.

2 Hier findet sich ein schönes Beispiel für die äußerste Verknappung und Vieldeutigkeit der Schriftzeichen in den Gedichten des Hanshan: *zhi tang* = „erreichen Halle“ sind zugleich das erste und letzte Schriftzeichen von *zhigong tang*, dem Namen für die Große Halle, in der die Beamtenprüfungen abgehalten wurden.

3 Das ganze Gedicht legt Zeugnis ab von den widerstreitenden Gefühle, mit denen Hanshan sich in dieser Phase seines Lebens herumschlägt: Einerseits sehnt er sich nach der Hauptstadt und einem seinen Fähigkeiten angemessenen Posten (vgl. Nr.64), andererseits preist er mit der letzten Zeile das ungebundene Leben des Einsiedlers, der weltliche Ämter ablehnt, selbst wenn sie im angeboten werden. Er spielt nämlich auf die Geschichte aus dem *Zhuangzi* an, in der der legendäre Kaiser Yao dem weisen Einsiedler Xu You die Herrschaft über „Alles unter dem Himmel“ abtreten will. Xu You antwortet auf dieses Ansinnen:
„Ihr regiert alle unter dem Himmel, und das Reich ist bereits wohl geordnet. Wollte ich Euch ablösen, täte ich es dann nicht um des Namens willen? Der Name ist nichts als eine Beifügung zur Wirklichkeit. Sollte ich es um einer Beifügung willen tun? Der Zaunkönig nistet im tiefen Wald und braucht dort nur einen einzigen Zweig. Der Maulwurf trinkt aus dem Fluß und füllt dabei nur seinen kleinen Bauch. Geht heim, o Herr, und vergeßt diese Angelegenheit. Ich mag nichts zu schaffen haben mit Allem unter dem Himmel. ...“ (*Zhuangzi* I.2)

68

Schweigen, Schweigen – niemals ein Gespräch!
Was willst du so der Nachwelt zu berichten geben?[1]
Fern von der Welt im tiefen Wald verkrochen –
Wie soll dir da die Sonne der Erkenntnis aufgehen?
So ausgezehrt kannst du nicht stark und achtsam sein,[2]
Frostiger Wind bringt dir Krankheit und frühen Tod.
Pflüge mit irdenem Ochsen einen Fels-Acker,[3]
Und du erlebst niemals den Ernte-Tag.[4]

1 Der Meister sprach: Ich möchte lieber nichts reden." Dsi Gung sprach: „Wenn der Meister nicht redet, was haben dann wir Schüler aufzuzeichnen?" Der Meister sprach: „Wahrlich redet etwa der Himmel? Die vier Zeiten gehen (ihren Gang), alle Dinge werden erzeugt. (Kongzi, *Lunyu* XVII.19 <R.W.>)

2 Hanshan spielt hier auf das Leben Buddhas an, der sich während der Jahre seiner geistigen Suche extremer Askese unterwarf. Als er aufgrund strengen Fastens dem Tode nahe war, erkannte er, daß die Askese allein ihn nicht zur Befreiung, sondern nur zum physischen Tod führen würde, und er beschloß, künftig einen „Mittleren Weg" zwischen Selbstkasteiung und Selbstverwöhnung einzuschlagen.

3 Kleine Ochsenfiguren aus Ton wurden im alten China als symbolische Opfergaben benutzt.

4 Diese Zeile enthält ein Wortspiel: in dem Ausdruck *dao ji* = „Reis-Tag" wird das Wort *dao* = Reis wegen des Gleichklangs mit *dao* = WEG verwendet; *dao ji* meint also auch den Tag, an dem die Befreiung verwirklicht, das *Dao* realisiert wird.

69

Alleine SITZEND bin ich noch immer ruhelos,
Mit Leidenschaft im Herzen – wie lange währt das noch?
Der Berg und nichts als Wolken weit und breit,
In Abgrundtiefe heult und pfeift der Wind.
Durch wogende Baumwipfel turnen die Affen,
Mit schrillem Schrei entflieht ein Vogel in den Wald.
Der Sturm der Zeit zerzaust und lichtet mir das Haar –
Am Jahresende ein enttäuschter und bitterer Greis.

70

Dunkel, dunkel – der Hanshan-WEG,
Steinig, steinig – des kalten Bergbachs Ufer.
Tschiep, tschiep – überall sind Vögel,
Einsam, einsam – nirgends ist ein Mensch.
Huiii, huiii – Wind beißt ins Gesicht,
Wirbel, wirbel – Schnee bedeckt den Körper.
Morgen für Morgen sehe ich nicht die Sonne,
Jahr über Jahr kenne ich keinen Lenz.

71

Ich hörte einst vom Tiantai sagen,
Tief in den Bergen sei ein Baum von Edelstein.[1]
Schon immer wollte ich zu ihm hinaufsteigen,
Fand aber nie den Weg über die Felsenbrücke.
Seitdem sind meine Tage voll Kummer und voll Seufzen,
Die Zeit, des Lebens sich zu freun, ist bald dahin.
Als ich mich heut in einem Spiegel sah,
Da war mein schütteres Haar schlohweiß.

[1] Der Edelstein, das Juwel, der verborgene Schatz, die Perle sind Symbole des Buddha-Wesens, die in der buddhistischen Literatur immer wieder auftauchen. Das Tiantai-Gebirge, in dem auch der „Kalte Berg" liegt, war berühmt als Zufluchtsort von Menschen, die hier in meditativer Schulung ihr Buddha-Wesen zu realisieren suchten.

72

Mit Jahreswechsel ging ein trübseliges Jahr,
Zum Frühlingsanfang strahlt die Welt in frischen Farben.
Wilde Blumen lachen überm grünen See,
Berggipfel tanzen im blauen Dunst.
Bienen und Schmetterlinge spielen glücklich und fröhlich,[1]
Der Vögel und der Fische Freude darf ich teilen.[2]
Die Sehnsucht nach einem Spiel-Gefährten aber blieb,
Bis Morgengrauen wälzte ich mich schlaflos.

1 Jeder Freund der chinesischen Literatur muß bei dem Wort „Schmetterling" sofort an Zhuangzis berühmten „Schmetterlingstraum" denken; Hanshan spielt auf diese Geschichte an:
Einst träumte Zhuang Zhou, er sei ein Schmetterling – ein Schmetterling, der glücklich und fröhlich umherflatterte. Er wußte nicht, daß er Zhuang Zhou war. Plötzlich erwachte er und war ganz handgreiflich Zhou. Nun wußte er nicht, ob er Zhou war, der geträumt hatte, ein Schmetterling zu sein, oder ein Schmetterling, der gerade träumte, Zhou zu sein. Es muß aber einen Unterschied zwischen Zhou und dem Schmetterling geben. Dies nennt man die Transformation der Dinge.

2 Meister Zhuang und Meister Hui schlenderten über die Brücke am Hao-Fluß. „Die Elritzen sind hervorgekommen und schwimmen so fröhlich umher", sagte Meister Zhuang. „Das ist die Freude der Fische."
„Ihr seid kein Fisch", sagte Meister Hui. „Woher wollt ihr wissen, was die Freude der Fische ist?"
„Ihr seid nicht ich", sagte Meister Zhuang. „Wie wollt Ihr also wissen, daß ich nicht weiß, was die Freude der Fische ist?"
„Ich bin nicht Ihr", sagte Meister Hui. „Also weiß ich gewiß nicht, was Ihr wißt. Aber Ihr seid gewiß kein Fisch, darum könnt Ihr nicht abstreiten, daß Ihr nicht wißt, was die Freude der Fische ist."
„Fangen wir noch einmal ganz von vorn an", sagte Meister Zhuang. „Als Ihr sagtet: 'Woher wollt Ihr wissen, was die Freude der Fische ist?', da fragtet Ihr, weil Ihr bereits wußtet, daß ich weiß. Ich weiß es, indem ich über den Hao schlendere." (*Zhuangzi* XVII.7)

73

Vom WEG zu hören, soll Trübsal und Leid verjagen,[1]
Doch diese Worte sprechen nicht die Wahrheit.
Erst gestern morgen war aller Kummer verbannt,
Da bin ich heut schon wieder tief darin verstrickt.
Am Monatsende waren Leid und Trübsal auch erschöpft,
Das neue Jahr jedoch bringt immer neue Sorgen.
Wen wundert's, steckt doch unter diesem Hut
Der alte Griesgram, nach wie vor!

[1] Der Meister sprach: „Wer am Morgen vom WEG hört (die Wahrheit vernimmt), kann am Abend ruhig sterben." (Kongzi, *Lunyu* IV.8 <R.W.>)

74

Ich wohne auf dem Berg, Trübsal im Herzen,
Trauere nur fliehenden Lebensjahren nach.
Sammele fleißig Kräuter für das Lebenselixier,
Doch hat mich alles Forschen etwa unsterblich gemacht?
Nun ist mein weiter Hof in Wolken eingehüllt,
Im Schein des kugelrunden Mondes liegt der Wald.
Kehre nicht heim – was will ich denn noch hier?
Es sind die Zimtbäume, die mich zurückhalten.[1]

[1] Das Tiantai-Gebirge war bekannt für seine prächtigen Zimtbäume. Diese grünen das ganze Jahr und wurden als Symbol der Unsterblichkeit verehrt. Natürlich ist das Streben nach Unsterblichkeit, das Hanshan in diese Berge getrieben hat und ihn dort zurückhält, kein bloßes Streben nach unendlich langer physischer Existenz (siehe dazu Nr. 75), sondern das Streben nach dem „ewigen Leben", der Verwirklichung jener zeitlosen Dimension „ohne Geburt und Tod" (siehe Nr. 149), die durch Erleuchtung verwirklicht wird.

75

Keiner der weisen Männer seit dem Altertum
Hat uns jemals endloses Leben demonstriert.
Was auch ins Leben kam, geht wieder in den Tod,
Muß ganz und gar in Staub und Asche fallen.
Gebeine häufen sich zu einem riesigen Berg,
Zu einem Ozean werden die Abschiedstränen.
Was bleibt, sind nichts als leere Namen –
Wer entflieht dem Kreislauf von Geburt und Tod?

76

Heut SASS ich vor der Felsenklippe,
Bis schließlich aller Nebel sich verzog.
EIN gerader WEG, glitzernd der klare Bach,
Achttausend Fuß, die Gipfel jadefarben.
Im milden Morgenlicht stehen die Weißen Wolken,
Bei Nacht des hellen Mondes schwebender Glanz.
Nun bin ich frei von jedem Makel –
Welch Kummer könnte meinen Sinn noch trüben?

77

Über dem Hanshan – nichts als Weiße Wolken,
Still und entfernt vom Staub der Welt.
Zum SITZEN eine Lage Stroh in meiner Berghütte,
Einzige Lampe ist des Mondes helles Rund.
Ein Felslager neben dem grünen Teich,
Tiger und Hirsch allein sind meine Nachbarn.
Wer sich die Freuden eines Lebens im Verborgenen ersehnt,
Muß ein für allemal die Scheinwelt überschreiten.

78

Mein Sinn, er gleicht dem Mond im Herbst,
Der unbefleckt sich im smaragdenen Weiher spiegelt.
Ach nein, es gibt nichts, das vergleichbar wäre –
Sag mir, wie könnte ich es ausdrücken?

79

Mal steig ich in die Schlucht hinab,
gespiegelt vom grünen Bach,
Dann wieder SITZE ich am Grat
auf einem mächtigen Felsen.
Einsamer Wolke gleicht mein Sinn,
kein Ort, wo er verweilt,[1]
In weiter Ferne die Geschäfte der Welt –
Was brauchte ich noch zu suchen?

[1] Verehrte Zuhörer, in meiner Lehre ist, gleich wie in der Lehre der Patriarchen, von jeher der Nicht-Gedanke die Essenz, Nicht-Form die Substanz und Nicht-Verweilen die Grundlage.
Nicht-Form bedeutet das Losgelöstsein von Form in der Form. Nicht-Gedanke bedeutet, ohne jeden Gedanken zu sein im Denken. Nicht-Verweilen ist das ursprüngliche Wesen der Menschen. Weil man weiß, daß alles Gute und Schlechte, Schöne und Häßliche der Welt, Haß und Freundschaft, Wortgefechte, Aufregung und Streit leer und vergänglich (ohne Substanz) sind, gibt es keinen Gedanken an Vergeltung, und man denkt in keinem jetzigen Gedanken an Vorhergegangenes. Wenn die Gedanken sich in Vorher Jetzt und Nachher fortsetzen und nicht abgetrennt sind, werden sie zur Fessel. Wenn der momentane Gedanke nicht an den Erscheinungen haftet, bedeutet das Ungefesseltsein. Deswegen nehmen wir Nicht-Verweilen als unsere Grundlage. (Huineng, *Das Sûtra des Sechsten Patriarchen*, Kap. 19)

80

Zwischen den tausend Wolken, abertausend Wassern,
da lebt in Seelenruhe ein Poet.
Tagsüber wandert er durch blaue Berge,
Abends zurückgekehrt, ruht er am Fuß der Klippe.
Frühling und Herbst die fliegen rasch vorüber,
Zur Ruh gekommen, sammelt er keinen Staub.
Herrlich fürwahr, an nichts mehr festzuhalten –
Still wie des großen Flusses Herbstfluten.[1]

[1] „Herbstfluten" ist der Titel eines der berühmtesten Bücher aus dem *Zhuangzi*, welches in großartigen Bildern das Wissen um den WEG mit den im Vergleich dazu kümmerlichen Kenntnissen des Jedermannsbewußtseins vergleicht. Zu Anfang dieses Kapitels kommt der Graf des Gelben Flusses, der sich zur Zeit der Herbstfluten, die riesige Landstriche überflutet haben, „im vollständigen und alleinigen Besitz aller Vortrefflichkeiten unter dem Himmel" glaubt, ans Ufer der Nordmeeres und erkennt erst angesichts der endlosen Weite des Meeres seine eigene Begrenztheit. Daraufhin hebt der Herr des Nordmeeres mit folgenden Worten an, ihn über den WEG zu belehren:
„Man kann mit dem Frosch auf dem Grund eines Brunnens nicht über den Ozean sprechen, denn er sitzt fest in seinem kleinen Reich. Man kann mit einer Sommermücke nicht über das Eis sprechen, denn sie ist auf ihre eigene Jahreszeit beschränkt. Man kann mit einem Intellektuellen voller verschrobener Ansichten nicht über den WEG sprechen, denn er ist ein Gefangener seiner eigenen Doktrinen. Nun hast du dich hinausgewagt über deine Gestade, um einen Blick zu werfen auf den großen Ozean, und du hast deine eigene Ärmlichkeit erkannt: Deshalb kann man dir von der Großen Ordnung erzählen." (*Zhuangzi* XVII.1)

81

Am Flußufer da sah ich gestern einen Baum,
Gebrochen und zerfetzt, es ist kaum zu beschreiben.
Nur zwei, drei Äste waren ihm geblieben,
Von unzähligen Axthieben war er vernarbt.
Frost hatte die vergilbten Blätter ihm entrissen,
Die Wellen schlugen gegen seine morschen Wurzeln.
So muß es allen Lebewesen gehen –
Warum dem Himmel und der Erde darob fluchen?

82

Ersehnst du dir aus tiefstem Herzen einen WEG-Gefährten –
Ein WEG-Gefährte ist immer zum Greifen nahe.
Triffst du auf Wanderer, die von der Quelle abgeschnitten,
Empfange jedermann als Gast zu einem Zen-Gespräch.
Plaudert so vom Geheimnis, bis der Mond die Nacht erhellt,
Ergründet die Prinzipien bis kurz vor Sonnenaufgang.
Dann laßt Myriaden Ursachen und Wirkungen vergessen sein,
Und ihr erkennt des Menschen ursprüngliches Antlitz.[1]

[1] Die Frage nach dem „ursprünglichen Menschen“ (so hier wörtlich) oder „deinem ursprünglichen Antlitz vor deiner Geburt“ ist eine im Zen immer wieder gestellte Frage nach dem eigenen Buddha-Wesen; sie wurde zu einer oft gestellten Zen-Herausforderung, einem sogenannten Kôan.

83

Hoch, hoch erhaben über allen Gipfeln,
Wohin ich blicke – grenzenlose Weite.
Da SITZE ich allein, von aller Welt vergessen,
In kalter Quelle spiegelt sich einsamer Mond.[1]
Doch in der Quelle, das ist nicht der Mond,
Der Mond selbst steht am schwarzen Himmel.[2]
Ich singe dieses Lied für euch,
Im Lied ist allerdings kein Zen.

[1] Der menschliche Herz-Geist (chin.: *xin*) wird im Zen oft mit einem Spiegel verglichen, der die Welt widerspiegelt, wie eine Wasseroberfläche den Mond. Ist der Spiegel befleckt, so ist es auch die Reflexion; ist die Wasseroberfläche unruhig, so wird das Bild des Mondes verzerrt. Durch die Übung des Sitzens wird der Spiegel von „Staub und jedem Makel befreit" (vgl. Nr. 76) und die aufgewühlte Wasseroberfläche zur Ruhe gebracht (vgl. Nr. 132).

[2] Der Mond der absoluten Wirklichkeit spiegelt sich tausendfach in den Gewässern dieser Welt und bringt so die Myriaden Erscheinungen der phänomenalen Welt hervor. Doch die Welt so, wie sie unseren Sinnen erscheint, für die absolute Wirklichkeit zu halten, ist ebenso verblendet, wie den Mond in der Quelle für den wahren Mond zu nehmen.

84

Du willst in Frieden leben und Verborgenheit?
Hier am Hanshan ist dafür stets gesorgt.
In finsteren Föhren säuselt eine sanfte Brise –
Hör näher hin, es ist die herrlichste Musik!
Unter den Bäumen hockt ein Mann mit weißen Strähnen,
Liest murmelnd, murmelnd über Huang und Lao.[1]
Zehn Jahre mocht er nicht nach Hause kehren,
Vergessen ist der WEG, den er einst kam.

[1] „Huang und Lao" ist gleichbedeutend mit „daoistische Schriften". Lao ist Laozi und Huang ist Huangdi, der legendäre „Gelbe Kaiser". Der Gelbe Kaiser ist für den Daoismus, was die legendären weisen Herrscher Yao und Shun für den Konfuzianismus sind: Symbol des „paradiesischen" Urzustandes der menschlichen Gesellschaft.

85

Am Anfang teilte er Himmel und Erde,
Siedelten dann den Menschen in ihrer Mitte an.
Uns zu verwirren, speit er Nebelschwaden,
Uns wieder zu ernüchtern, atmet er den Wind.
Wenn er uns schont, schenkt er Reichtum und Ehre,
Uns heimzusuchen, sendet er Armut und Elend.[1]
Ihr Leut von Han, die ihr euch plagt und plackt –
Es hängt doch alles ab vom Himmelsherrscher.[2]

1 Zu „Armut und Elend“ vergleiche Nr. 23.

2 „Han“, der Name einer chinesischen Dynastie, wurde zu einem synonym für „China“. Der „Himmelsherrscher“ ist nicht anderes als das Dao, der WEG, vom dem Laozi sagt:

> Es gibt ein Ding, das ist unterschiedslos vollendet,
> Bevor der Himmel und die Erde waren, ist es schon da,
> So still, so einsam.
> Allein steht es und ändert sich nicht.
> Im Kreis läuft es und gefährdet sich nicht.
> Man kann es nennen die Mutter der Welt.
> Ich weiß nicht seinen Namen.
> Ich bezeichne es als SINN.
> (Laozi, *Daodejing* 25 <R.W.>; Wilhelm übersetzt Dao mit „SINN“)

86

Von Kindheit an nicht hin und her reisen,[1]
Und bis zum Tod nicht Sittlichkeit und Pflicht[2] kennen –
Wenn man sich an das Äußerlich dieser Worte hält,
Hegt man bald Lug und Trug im Busen.
Eröffnen solche Reden erst einen kleinen Weg,
Dann sind sie Grund für das Entstehen großer Lügen.
Wer sich mit Heuchelei eine Sturmleiter baut,
Der schneidet sich dazu Äste mit spitzen Dornen.

1 Diese Zeile bezieht sich auf das Ende des 80. Kapitels des *Daodejing*, in welchem Laozi das Bild eines „Utopia“ entwirft, in dem das Leben der Menschen durch keine äußeren Autoritäten reglementiert werden muß, da die Menschen noch in einer Art kindlicher Unschuld leben. Die letzten Zeilen dieses Kapitels lauten:

Nachbarländer mögen in Sehweite liegen,
Daß man den Ruf der Hähne und Hunde gegenseitig hören kann,
Und doch sollen die Leute in höchstem Alter sterben,
Ohne hin und her gereist zu sein.
(Laozi, *Daodejing* 80 <R.W.>)

2 „Sittlichkeit und Pflicht“, die Kardinaltugenden der konfuzianischen Morallehre, sind für Laozi Begriffe, deren Existenz anzeigt, daß das, wofür diese Begriffe stehen, schon nicht mehr selbstverständlich ist. Darum sagt er:

Geht der große SINN [das Dao] zugrunde,
So gibt es Sittlichkeit und Pflicht.
Kommen Klugheit und Wissen auf,
So gibt es die großen Lügen.
Werden die Verwandten uneins,
So gibt es Kindespflicht und Liebe.
Geraten die Staaten in Verwirrung,
So gibt es die treuen Beamten.
(Laozi, *Daodejing* 18 <R.W.>)

Die Daoisten, allen voran Laozis großer Nachfolger Zhuangzi, machen sich gern über die Moralpredigten der Konfuzianer lustig; sie meinen, daß diese dazu neigen, über dem Insistieren auf Sittlichkeit und Pflicht, Kindespflicht und Liebe usw. zu vergessen, daß es wichtiger ist, den Zustand vor oder jenseits von „Gut und Böse“ zu realisieren – jene Unschuld, die aus der Verwirklichung des Dao erwächst – als „Tugenden“ in einer bereits korrumpierten menschlichen Gesellschaft zu etablieren. Hanshan warnt hier Kleingeister, die nicht das Format und die Integrität eines Laozi oder Zhuangzi besitzen, davor, diese Aussagen der großen Daoisten mißzuverstehen und sie als Ausrede für ein rücksichtsloses und ausschweifendes Leben heranzuziehen.

87

Mein Wille läßt sich nicht einfach aufrollen,
Ihr solltet wissen, daß ich keine Matte bin.[1]
Ich stieg so weit hinauf in diese Bergwälder,
Um ganz allein auf einem Fels im Steilhang auszuruhn.
Nun kommen diese Schwätzer, reden hin und her,
Drängen mich, Gold und Jade anzunehmen.[2]
Löcher in Wände bohren und Unkraut darin pflanzen –
Damit ist niemandem gedient![3]

1 Bozhou im *Shijing* („Buch der Lieder"):

> Mein Herz ist keine Matte,
> Die ihr aufrollen könnt.

2 Das *Hanshi Waichuan* berichtet, der König Xiang des Staates Chu habe Gesandte mit Geschenken von Gold und Edelsteinen zu Zhuangzi geschickt. Sie sollten ihn überzeugen, das höchste Ministeramt anzunehmen. Zhuangzi zog es jedoch vor, weiterhin ein einfaches und zurückgezogenes Leben zu führen.

3 Im 23. Buch des Zhuangzi werden die vom Konfuzianismus zu höchsten Idealen erhobenen weisen Herrscher Yao und Shun folgendermaßen charakterisiert:
Sind jene beiden wirklich eurer Lobgesänge wert? Mit ihren Argumenten bohren sie rücksichtslos Löcher in Wände, um Büsche und Dornengestrüpp darin zu pflanzen; sie spalten Haare und zählen die Reiskörner, die sie kochen wollen. Wären sie in ihrer Anmaßung wirklich geeignet gewesen, der Welt zu helfen? Wenn ihr die Klugen fördert, dann werden die Leute beginnen, miteinander zu wetteifern; wenn ihr den Wissenden Ämter gebt, werden die Leute beginnen, einander zu bestehlen. ... (*Zhuangzi* XXIII.1)

88

Im Felsgewirr zu leben, hat das Orakel mir bestimmt –
Ein Vogel-WEG, kein Mensch spürt mir hier nach.
Was, meint ihr, liegt dort jenseits meines Hofes?
Weiße Wolken umhüllen dunklen Fels.
Wie viele Jahre wohne ich schon hier?
Sah oft den Frühling sich in Winter wandeln.
Bestellt den Leuten, die in Pomp und Reichtum leben:
Mit eitlem Ruhm weiß ich nichts anzufangen.

白雲抱幽石
九十翁

89

Sehen die Menschen von heute den Hanshan,
So meint ein jeder, sein Gebaren sei verrückt.
Meine Erscheinung ist nicht gerade attraktiv,
Der Körper ist ein einziges Flickenbündel.
Und meine Worte, die verstehn die andern nicht,
Wo andere reden, halte ich den Mund.
Ihr, die ihr ständig hierhin — dorthin eilt,
Versucht doch mal, bis zum Hanshan zu kommen!

90

Ein gewisser Professor namens Wang
Lachte über die vielen Fehler meiner Verse:
Von Wespentaille hast du wohl noch nichts gehört,
Und weißt du nicht, was Kranichknie bedeutet?[1]
Du hast von Versmaß keine blasse Ahnung,
Reihst Wörter aneinander, wie es dir gefällt.
Ich lache auch, wenn du Gedichte machst,
Das ist, als ob ein Blinder von der Sonne singt!

1 „Wespentaille" und „Kranichknie" sind zwei Fehler im Versmaß bei den shi, der Gedichtform, die Hanshan hauptsächlich verwendet. „Wespentaille" heißt, daß das zweite und das vierte Schriftzeichen einer Zeile mit ähnlicher Betonung gelesen werden. Ein „Kranichknie" liegt vor, wenn das fünfte und das zehnte Schriftzeichen, d. h. die letzten Zeichen der beiden ersten Zeilen, mit ähnlicher Betonung gelesen werden.

91

Weise Männer – ihr habt mich verworfen,
Ihr Narren – ich verwerfe euch!
Ich will kein Narr und auch kein Weiser sein,
Drum laßt uns fortan nicht mehr voneinander hören.
Im Abenddämmer sing ich für den hellen Mond,
Beim Morgengrauen tanze ich mit Weißen Wolken.
Wie könnt ich Mund und Glieder stillehalten,
Stocksteif zu sitzen, bis mein Haar sich lichtet?

92

Einmal zum Hanshan gelangt,
alle Geschäfte ruhen.
Keine verwirrten Gedanken mehr,
ohne Zweifel das Herz.
In Seelenruhe
ein Gedicht an die Felswand schreiben.
Die Dinge lassen,
gehen
wie ein Boot ohne Leine.
kommen

93

Mein Leben lang war ich bequem und unbekümmert,
Verabscheute Gewichtigkeit, tat nur, was leicht und einfach.
Über Geschäfte mögen andere sich den Kopf zerbrechen,
Ich halte mich an meine Eine Schriftrolle.[1]
Was soll ich sie mit Stoff und Spule aufziehen[2]
Und wo ich geh und steh den Leuten vor die Nase halten?
Für jeder Krankheit weiß sie eine Medizin,
Das angemessene Mittel, alle Lebewesen zu erretten.[3]
Ist erst dein Sinn aller Gedanken ledig –
Was gäbe es dann noch, das nicht einsichtig wäre?

1 Die „Eine Schriftrolle“ ist ein Sinnbild für die eine Wahrheit des Buddha-Wesens. Im „Sûtra des Sechsten Patriarchen“ formuliert Huineng diese zentrale Wahrheit des Buddhismus in einem Gespräch mit Yinzong in einem prägnanten Satz: Yinzong fragte: „Als der fünfte Patriarch Euch den Dharma übermittelte, was hat er Euch gelehrt? Was hat er Euch übermittelt?“ Ich antwortete: „Es gibt nichts, was er übermittelt hätte. Es kam nur auf die Einsicht in das eigene Wesen an. Versenkung sowie Erlösung [und sonstige „buddhistische“ Fragen] wurden Nicht erörtert.“ Yinzong fragte: „Warum wurden Versenkung und Erlösung nicht erörtert?“ Ich antwortete: „Weil dies eine Betrachtung von Gegensätzen wäre und nicht Buddhismus. Buddhismus ist die Lehre der Nicht-Zweiheit.“

2 Eine chinesische Schrift- oder Bildrolle besteht aus dem auf Papier oder Seide gemalten Bild, das auf eine Stoffbahn aufgezogen ist und auf einen runden Holzstab aufgewickelt wird (Stoff und Spule).

3 Der Mahâyâna-Buddhismus, zu dem auch das Zen gehört, betont, daß der Bodhisattva die angemessenen Mittel (auch „geschickte Mitte“ genannt) zu finden habe, um die verschiedenen Menschen auf den Weg zur Befreiung zu führen. So geht es nicht nur darum, die absolute Wahrheit nackt und unvermittelt darzustellen, sondern auch Ausdrucksformen für die Eine Wahrheit zu finden, die den verschiedenen Charakteren angemessen, d. h. für diese einsichtig und nachvollziehbar ist.

94

Wie traurig, daß die Menschen in diesem flüchtigen Leben
Niemals aufhören, ihre Tage zu vertrödeln!
Tag über Tag finden sie keinen Frieden,
Bemerken nicht, wie Jahr um Jahr das Alter naht.
Alles, wonach sie trachten, ist Kleidung und Essen,
In ihrem Sinn lassen sie Überdruß und Ärger wuchern.
Ständig in Aufruhr müssen sie für hunderttausend Jahre
Auf den Drei Schlechten Pfaden hin und her wandern.[1]

[1] Die „Drei Schlechten Pfade“ der buddhistischen Kosmologie sind: Wiedergeburt im höllischen Feuer, Wiedergeburt als Hungriger Geist, Wiedergeburt als Tier.

95

Sie kochen Kieselsteine, eine Mahlzeit zu bereiten,
Beginnen Brunnen erst zu graben, wenn sie durstig sind.[1]
Müht man sich noch so sehr, den Ziegel zu polieren,
Wer könnte jemals einen Spiegel daraus machen?[2]
Der Buddha sagte, daß wir ihm von Anfang ebenbürtig sind,
Alle besitzen wir das selbe Wahre Wesen.
Doch denken sie allein in Für und Wider,
Können das Streben und Streiten nicht sein lassen!

[1] Hanshan kritisierte nicht nur das Leben „in der Welt des Staubes", sondern auch den „spirituellen Materialismus" vieler buddhistischer Mönche. Wenn man sich an den Worten der Sûtras und großen Meister festhält, ohne deren tiefen Sinn aus eigener Erfahrung zu begreifen, dann sind diese so unverdaulich und ohne Nährwert wie Kieselsteine; und wer zu spät beginnt, mit Hilfe des Zazen in die Tiefe seiner selbst hinabzutauchen, der wird das lebendige Wasser des Wahren Wesens nicht finden.

[2] Als der große chinesische Meister Mazu noch Schüler von Nanyue Huairang auf dem Berg Hengshan war, saß er Tag für Tag in Versenkung. Einen Tages trat Nanyue zu ihm heran und fragte, was er durch das SITZEN zu erreichen hoffe. „Ich sitze, um ein Buddha zu werden", antwortete Mazu. Da nahm Nanyue einen Ziegel auf und begann, ihn auf einem Felsen zu schleifen. Als Mazu ihn fragte, was er denn da mache, antwortete der Meister: „Ich poliere ihn, um einen Spiegel daraus zu machen." – „Wie könnt Ihr einen Spiegel machen, indem man einen Ziegel poliert?" fragte Mazu. Der Meister antwortete: „Wie könnte man durch SITZEN zu einem Buddha werden?" (*Jingde Chuandenglu,* Kap. 7)
Dieser berühmte Ausspruch von Nanyue Huairang ist von Zen-Mönchen wie von Außenstehenden oft mißverstanden worden. Nanyue stellt damit durchaus nicht den Wert des Zazen, des Sitzens in Versunkenheit, in Abrede; er warnt Mazu vielmehr davor, das SITZEN für eine bloße „Methode" und das Buddha-Wesen für etwas zu halten, das man „erwerben" könne. Hanshan weist darauf in den folgenden beiden Zeilen hin.

96

Mein Wohnhaus hat kein buntbemaltes Dachgestühl,
Der gründe Wald, das ist mein Heim.
Ein Menschenleben geht im Nu vorüber,
Endlose Händel sind nicht durch Worte abgetan.
Ein Bambusfloß reicht nicht, den Strom zu überqueren,
Wer dabei Blumen pflückt, den zieht's hinab in einen Strudel.
Wenn du nicht heut schon gute Werke säst,
Wann willst du je die Knospen sprießen sehen?

97

O ja! Nun wohne ich auf dem Hanshan
Schon seit unzählbar vielen Jahren.
Meiner Bestimmung überlassen,[1] verbarg ich mich im Walde,
Verbringe meine Tage in stiller Wesensschau.
Zu dieser Klippe dringt keine Menschenseele vor,
Von Weißen Wolken bin ich stets umringt;
Das weiche Gras gilt mir als Lagerstatt,
Zur Decke nehme ich den blauen Himmel.
Wohlig den Kopf auf einen Stein gebettet,
Laß ich den Wandlungen des Weltalls ihren Lauf.

[1] Die beiden ersten Schriftzeichen der dritten Zeile sind *ren yun*, was so viel heißt wie „in seiner Bestimmung ruhen, sich (vertrauensvoll) seiner Bestimmung überlassen, den Dingen ihren natürlichen Lauf lassen".
Die Daoisten sprechen vom *wu wei*, dem Nichttun oder Nichteingreifen (siehe z.B. Laozi, *Daodejing* 48). Das heißt nicht, daß wer dem WEG folgt, nun „nichts" mehr macht; man kann durchaus sehr aktiv sein und trotzdem nichts „machen", d. h. nicht absichtsvoll in den natürlichen Lauf der Dinge eingreifen und „die Welt erobern und behandeln wollen" (siehe *Daodejing* 29).

98

In Muße wandernd auf den Gipfel des Huading[1],
Die Sonne klar, ein strahlend lichter Tag,
Sah ich mich um – im blauen Firmament,
Flogen vereinigt Kranich und Weiße Wolke.[2]

1 Der Huading ist der höchste Gipfel im Tiantai-Gebirge.

2 Der Kranich ist das daoistische Symbol für den freien, losgelösten Flug des Erleuchteten, während die Weißen Wolken eher in einem buddhistischen Kontext für dasselbe stehen. Während Menschen, die an einer rein philosophisch-begrifflichen Interpretation ihrer jeweiligen „Lehre" festhalten, gern die Unterschiedlichkeit dieser Lehren (und natürlich die Überlegenheit der Lehre, der sie selbst anhängen) betonen, existieren im Geist Hanshans solche oberflächlichen Unterscheidungen nicht mehr.

99

Euch Fleischessern möchte ich ein Wörtchen sagen:
Mit eurem Essen solltet ihr nicht so nachlässig sein!
In diesem Leben erntet ihr, was im vergangenen ihr sätet,
Und heute richtet ihr bereits das zukünftige ein.
Doch kümmert ihr euch nur um das, was heute angenehm,
Habt keine Furcht vor den Leiden kommender Leben.
Einst schlüpfte eine Ratte in den Vorratskrug,
Als sie sich vollgefressen, brachte sie kaum den Kopf heraus.

100

Den Körper in ein prächtig Kleid aus Nichts gehüllt,
Am Fuß ein Schuh vom Fell der Schildkröte,
Fest in der Hand den Bogen aus Kaninchenhorn,
Ziel ich den Dämon Unverstand zu töten.[1]

1 „Unverstand" (auch „Unwissenheit", Skrt.: *avidyâ*) ist jene Unwissenheit, die Erscheinung für Sein und täuschende Phänomene für Wirklichkeit hält.
Mit paradoxen Wendungen, wie sie Hanshan hier gebraucht, versucht das Zen die Grenzen des begrifflichen Denkens aufzuzeigen. Das begriffliche Denken bewegt sich immer im Bereich des Unverstandes; Paradoxe gibt es nur in der phänomenalen Welt. In der Welt des Buddha-Wesens erweist sich aller Widerspruch als Täuschung.

101

Zum Ostgipfel wollt ich mich aufmachen
Wer weiß wie viele Jahre schon.
Als ich mich gestern an den Schlingpflanzen emporhangelte,
Wurd ich auf halbem Weg von Wind und Nebel arg bedrängt.
Der Pfad so schmal, daß meine Kleider sich verfingen,
Das Moos war sumpfig und die Schuhe blieben kleben.
So macht ich unter diesem roten Zimtbaum Rast
Und schlief mit einer Weißen Wolke als Kopfkissen ein.

102

Frei schweift der Blick bis zum Tiantai,
Einsam und hoch über der Schar der Gipfel.
Bambus und Föhren tönen windgeschüttelt,
Mondglitzern in der Brandung ferner Strände.
Zum grünen Saum des Berges schaue ich hinab,
Plaudre mit Weißen Wolken über die geheimnisvolle Lehre.[1]
Berge und Flüsse sind meinem wilden Herzen sehr genehm,
Doch tief im Inneren ersehn ich einen WEG-Gefährten.

[1] Die „geheimnisvolle Lehre" ist die Lehre des Daoismus. Im ersten Kapitel des *Daodejing* heißt es:

Der SINN [WEG], der sich aussprechen läßt,
Ist nicht der ewige SINN.
Der Name, der sich nennen läßt,
Ist nicht der ewige Name.
„Nichtsein" nenne ich den Anfang von Himmel und Erde.
„Sein" nenne ich die Mutter der Einzelwesen.
Darum führt die Richtung auf das Nichtsein
Zum Schauen des wunderbaren Wesens,
Die Richtung auf das Sein
Zum Schauen der räumlichen Begrenztheiten.
Beides ist eins dem Ursprung nach
Und nur verschieden durch den Namen.
In seiner Einheit heißt es das Geheimnis.
Des Geheimnisses noch tieferes Geheimnis
Ist das Tor, durch das alle Wunder hervortreten.
(Laozi, *Daodejing* 1 <R.W.>)

103

Warum ist dieser Mensch noch immer ruhelos?
Beurteilt selbst den Wohnort, den das Orakel mir beschied:
Im südlichen Gebiet da dräuen giftige Dämpfe,
Im Norden herrschen bitterer Frost und Sturm;
Das öde Land ist völlig unbewohnbar,
Aus den verseuchten Flüssen kann man nicht trinken.
So wandert meine Seele immer wieder heimwärts,
Nascht von den Maulbeeren des Gartens am Familienhaus.

104

Im Traum kehrte ich letzte Nacht ins Heimatdorf zurück,
Sah meine Frau an ihrem Webstuhl arbeiten:
Sehnsuchtsverloren hielt sie plötzlich inne,
Nahm müde dann das Schiffchen wieder auf.
Ich rief sie an, sie sah sich um nach mir,
Wandt sich verwirrt ohne Erkennen wieder ab.
Zu viele Jahre gingen, seit ich Abschied nahm,
Mein Schläfenhaar verlor derweil die alte Farbe.

105

Einst kam ich, am Hanshan zu SITZEN,
Blieb lange, ganze dreißig Jahr!
Besuchte gestern meine Freunde und Verwandten,
Die Mehrzahl ging längst zu den Gelben Quellen;
Verlöschten nach und nach wie Kerzenstummel,
Entströmten, dem Fluß gleich, ohne Wiederkehr.[1]
Morgens steh ich verwaistem Schatten gegenüber,
Nicht gewahr, daß zwei Tränenbäche tropfen.

[1] Der Meister stand an einem Fluß und sprach: „So fließt alles dahin, wie dieser Fluß, ohne Aufenthalt Tag und Nacht!“ (Kongzi, *Lunyu* IX.19 <R.W.>)

106

In freier Natur wuchs ein hundert Fuß hoher Baum,
Aus dem man lange Bretter sägen könnte.
Wie Schade um all die großen und kleinen Balken,[1]
Die dort in tiefer Schlucht verschwendet sind.
Durch viele Jahre ist sein Kern erstarkt,
Im Lauf der Zeit entblößte es ihn aller Rinde.
Wer jedoch von ihm wüßte, käme ihn sich holen,
Um dann wohl einen Pferdestall daraus zu baun.

[1] „Große und kleine Balken" sind in übertragenem Sinne die „Stützen des Staates".

107

Buddhistische Priester halten die Gebote nicht,[1]
Die Daoisten trinken nicht ihr Lebenselixier.
Wie viele Weise gab es seit dem Altertum?
Sie alle liegen unter einem grünen Hügel.

[1] Die zehn Hauptgebote (Skrt.: *shîla*) für den buddhistischen Mönch sind:
Nicht töten
Nicht stehlen
Kein sexuelles Fehlverhalten
Nicht lügen
Keine Rauschmittel nehmen
Sich nicht mit Blumen schmücken oder Parfums benutzen
Nicht als Schauspieler, Jongleur oder Akrobat auftreten oder solchen zuschauen
Keine komfortablen Sitzgelegenheiten und Betten benutzen
Nur zu den vorgegebenen Zeiten essen
Kein Geld, Gold, Silber oder andere Wertsachen besitzen

108

Unermeßlich weite Wasser des Huanghe,
Fließen gen Osten, ohne Unterlaß.
Niemals erlebt man, wie der Strom sich klärt,
Denn aller Menschen Leben hat ein Ende.[1]
Willst du jedoch auf einer Weißen Wolke reiten –
Weiß du, wodurch dir Flügel wachsen?
Nur wenn du dir, so lang dein Haar noch schwarz,
Wo du auch gehst und stehst die größte Mühe gibst.

[1] Man sagt, daß die lehmbraunen Fluten des Huanghe, des „Gelben Flusses", sich alle tausend Jahre einmal klären – doch niemand hat je so lange gelebt, um dieses zu erleben.

109

Mein Körper, existiert er oder nicht?
Gibt es ein Ich, oder gibt es kein Ich?
Vertieft in die Ergründung solcher Fragen,
SITZE ich an den Fels gelehnt, während die Zeit verrinnt.
Zwischen den Zehen sprießt das grüne Gras,
Auf meinem Haupt setzt sich der rote Staub.
Schon kommen Menschen aus der Welt herauf,
Früchte und Wein an meinem Totenbette darzubringen.

110

Der Ort, wo meine Tage ich verbringe,
Ist unsagbar verborgen und geheimnisvoll.
Kein Wind – von Selbst rascheln die Schlingpflanzen,
Kein Nebel – im Bambushain bleibts immer dunkel.
Was ist es, das den Wildbach glucksen läßt?
Ganz von allein quellen die Wolken auf am Berg.
Des Mittags SITZEND in meiner Berghütte,
Da erst erkannte ich der Sonne vollen Glanz![1]

[1] In diesem Gedicht ist das daoistische *ziran* das zentrale Thema, das „Von-selbst-so-Sein", die natürliche Spontaneität der Dinge. Indem Hanshan sich in der Versenkung seinem „Selbst-so-Sein" überläßt, erwacht er in der Innenschau zum gleißenden Licht der Erkenntnis.

111

Auf Tausend-Jahre-Felsen,
den Alten auf der Spur,
Vor Zehntausend-Klafter-Klippe –
strahlende Leere allein.
So lange der helle Mond noch scheint,
bin ich immer ohne Fehl.
Vorbei die Plage des Suchens und Bettelns,
des Forschens in West und Ost.

112

In Muße ging ich einen ehrwürdigen Mönch besuchen,
Dunstige Berge lagen tausendfach geschichtet.
Als mir der Meister selbst den Heimweg wies,
Hängte der Mond seine runde Laterne auf.[1]

[1] Der „ehrwürdige Mönch" war wahrscheinlich der Zen-Meister Fenggan. Hanshan mag ihn besucht haben, um ihm von seiner Erleuchtungserfahrung zu berichten und um sie im Gespräch „unter vier Augen" mit dem Zen-Meister (jap.: *dokusan*) prüfen zu lassen und zu vertiefen. Daß der Meister Hanshan persönlich ein Stück seines Heimwegs geleitet (wie einst Hongren, der fünfte chinesische Patriarch des Zen, Huineng auf seiner Flucht in den Süden ein Stück des Weges geleitete) zeigt, wie beglückt der Meister wohl über die Tiefe der Erfahrung Hanshans war.

113

Manch Zeitgenosse sucht nach dem Wolken-Pfad –
Der Wolken-Pfad, dunkel und ohne Wegweiser.
Ragende Gipfel, unglaublich schroff und abweisend,
In ferne Schluchten dringt nur wenig Licht.
Vor und zurück stehn Nephrit-Felsen,
Von West bis Ost ziehen die Weißen Wolken.
Ihr fragt: Wo findet sich der Wolken-Pfad?
Der Wolken-Pfad, dort, mitten in der Leere.

114

Zu alten Zeiten, als ich noch bettelarm,
Zählte ich jede Nacht der anderen Schätze.
Nun hab ich mir die Sache noch mal überlegt:
Du solltest dir im eigen Hause ein Vermögen schaffen!
So grub ich – und fand ein verborgenes Kleinod,
eine vollkommen reine Perle aus Kristall.
Da kam ein reicher blauäugiger Fremdling,[1]
mit der geheimen Absicht, sie mir abzukaufen.
Ich aber ließ ihn ohne Umschweif wissen:
Für diese Perle gibt es keinen Preis!

[1] Mit dem „blauäugigen Fremdling" ist ein reisender Händler aus Zentralasien gemeint.

115

Zahlloser Sterne breites Band,
glitzernd in tiefer Nacht;
Klippe beschienen von einsamer Leuchte,
Mond noch nicht gesunken.
Prächtiger Glanz vollkommener Kugel
von ungeschliffenem Jaspis,
Aufgehängt im nachtschwarzen Himmel –
das ist mein Herz-Geist.

116

Über dem Westhang feuerrot die Abendsonne,
Gräser und Bäume lichtdurchflutet.
Doch dort an einem düsteren Flecken
Ein Dickicht von Föhren und Schlingpflanzen.
Darinnen lauern viele Tiger,
Sobald sie mich erblicken, sträubt sich ihnen das Fell.
Und ich, nicht mal ein Messer in der Hand –
Warum bin ich nicht starr und steif vor Angst?

117

Ich habe mich ans Leben im entlegenen Versteck gewöhnt,
Gehe nur manchmal in das Guoqing-Kloster.
Wenn ich dort mit dem alten Fenggan diskutiere,
Gesellt sich meist auch noch Shide dazu.
Allein kehre ich dann auf den Hanshan zurück,
Dort hab ich niemanden, mit dem ich sprechen könnte.
Man fragt ja doch nach einem Wasser ohne Quelle:
Der Quell versiegt – das Wasser sprudelt unaufhörlich.[1]

[1] Mâyâ, die Welt der Täuschung, wird oft mit den Wassern eines unendlichen Ozeans verglichen. Auch wenn der Geist zur Ruhe gekommen ist und die Quelle, die immer neue Verblendungen hervorbringt, versiegt ist, verschwinden die Wasser der Mâyâ nicht, denn es gibt keine absolute Wirklichkeit ohne die Welt der Phänomene – die beiden Aspekte der Wirklichkeit sind vollkommen identisch.

118

Wie wunderbar die kalte Klippe, tief verborgen;
Kein Mensch noch fand den WEG hierher!
Still schweben Weiße Wolken über steilen Gipfeln,
Einsamer Affe kreischt im grünen Hang.
Was brauch ich sonst noch für Gesellschaft,
Ich werde alt, ganz wie es mir gefällt.
Mag auch in Frost und Sommerglut meine Gestalt verwittern,
So kann ich doch die Perle im Herzen bewahren.[1]

[1] Die Perle ist wie in Nr. 114 das strahlend reine Buddha-Wesen.

119

Zehntausend Meilen fern von Haus und Hof,
Das Schwert führend, um die Hunnen zu schlagen.[2]
Solltest du Glück haben, müssen sie sterben,
Doch hast du Pech, ist es um dich geschehn.
Du schonst ihr Leben nicht, also
Ist's ein Verbrechen, wenn sie deines nehmen?
Ich will dir das Geheimnis ewigen Siegs verraten:
Nichts zu begehren ist das beste Vorgehen.[3]

[2] Hanshan überträgt hier die Erfahrung der Han-Chinesen mit den immer wieder aus dem Norden in das chinesische Reich eindringenden Nomaden auf die spirituelle Ebene. Die „Hunnen" sind hier die Verblendungen, mit denen ein Mensch auch nach einer Erleuchtungserfahrung immer wieder auf Kriegsfuß steht und deren Angriffe es immer wieder zurückzuschlagen gilt.

[3] Nach der zweiten der vier Edlen Wahrheiten Buddhas ist es das Begehren die Ursache aller Verblendung und allen menschlichen Leids. „Nichts zu begehren" ist also das beste Vorgehen gehen die Angriffe der „Hunnen".

120

Im tiefen Walde lebt ein Hirsch,
Der Wasser trinkt und Gräser frißt.
Er streckt sich unter einem Baum zum Schlafen aus,
Beneidenswert, so völlig ohne Leidenschaften.
Doch sperrte man den Hirsch in eine prächtige Halle,
Und böte man ihm auch köstlichste Leckereien,
Würd er den ganzen Tag nicht fressen wollen
Und immer mehr abmagern und verfallen.

121

Ich sehe einen Menschen, der die anderen betrügt,
Als einen Mann der einen Korb mit Wasser trägt:
Läuft er auch noch so schnell damit nach Hause –
Was hat er, wenn er ankommt, noch in seinem Korb?
Betrachte ich den Menschen, der betrogen wird,
Erscheint er mir so wie der Lauch im Garten.
Man reißt ihm täglich seine Blätter ab,
Doch in der Wurzel bleibt er stets er selbst.

122

In diesen Tagen gibt es eine Art von Menschen,
Die sind nicht böse, aber auch nicht gut.
Sie wissen nicht, was es bedeutet, Herr im Haus zu sein,
Als Vagabunden wohnen sie mal hier, mal dort.[1]
Doch die auf diese Weise ihre Zeit vergeuden,
Sind nichts als stumpfsinnige Fleischklumpen.
Wenngleich sie auch einen Magischen Turm besitzen,[2]
Führen sie doch ein Sklavendasein.

[1] Der Mensch, der sein Wahres Wesen verwirklicht hat, wird im Zen als der „Hausherr" (oder Gastgeber) bezeichnet. Wer diesen Wesenskern seiner Identität noch nicht ausgemacht hat, wandert ruhelos zwischen den Phänomenen hin und her und identifiziert sein Ich mal mit diesem, mal mit jenem Aspekt der Erscheinungswelt.

[2] *Lingtai*, der „wunderbare Turm des Königs Wen", ist eine magische Warte zur Beobachtung der kosmischen Urkräfte. Der „Geist-Turm" ist im Daoismus zudem ein Bild für den Herz-Geist. Außerdem wird im Avatamsaka-Sûtra die absolute Wirklichkeit mit einem magischen Turm verglichen, der alle Phänomene enthält, die sich, da sie letztlich leer von eigenständiger Wirklichkeit sind, alle gegenseitig durchdringen. Der magische Turm ist gleichbedeutend mit der Buddha-Natur, die jedes Wesen besitzt; doch wer diese Buddha-Natur nicht realisiert hat, bleibt mit dem „Fleischklumpen" seiner bloß physischen Existenz identifiziert und führt damit ein Sklavendasein.

123

Sein Sinn hochfahrend wie ein Berggipfel:
Ich hab's nicht nötig, mich vor andren zu verneigen!
Kann nicht allein den vedischen Kanon auslegen,
Sondern beherrsche auch das Schrifttum der Drei Lehren[1].
Nicht eine Spur von Scham in seinem Herzen,
Bricht er alle Gebote, verstößt gegen die heiligen Gesetze:
Meine Lehre ist der Dharma des Höchsten Menschen[2],
Drum nennt man mich den größten aller Lehrer!
Sämtliche Trottel preisen und verehren ihn,
Und die Gelehrten applaudieren hocherfreut.
O dieser Blender, wie könnte er mit seinem eitlen Ruhm
Dem Kreislauf von Geburt und Tod entrinnen?
Es wäre so viel besser, überhaupt nichts „auszulegen",
Still SITZEND Angst und Wut zu überwinden!

1 Die „Drei Lehren" sind Buddhismus, Daoismus und Konfuzianismus.

2 *Shangren*, ein „Mensch von höchster Weisheit, Tugend und Lebensführung" ist ein Ausdruck, der während der Tang-Zeit für einen buddhistischen Mönch gebraucht wurde. Die Tang-Zeit, in der Hanshan lebte, war immerhin das Goldene Zeitalter des Zen in China. Man fragt sich, was Hanshan wohl angesichts einiger Gurus des modernen westlichen New Age sagen würde.

124

In Wirklichkeit verbringst du alle Tage wie im Rausch;
Der Jahre Strom verhält derweil nicht einen Augenblick.
Liegst du erst unter wucherndem Gras begraben,
Wie dunkel, dunkel dämmert dann der Morgen!
Sind deine Knochen und dein Fleisch vermodert,
Und hat sich deine Seele fast verflüchtigt,[1]
Selbst wenn du Kiefer hättest, die durch Eisen bissen,
Kannst du deinen Laozi nicht mehr rezitieren.

[1] Nach chinesischem Glauben stirbt die Seele nicht sofort mit dem Körper, sondern verflüchtigt sich erst allmählich in Nichts.

125

Da gibt es einen Baum, noch älter als der Wald –
Du willst die Jahre zählen? Sie sind jenseits jeder Zahl.
Die Wurzeln überdauerten die Wandlungen von Tal und Hügel,[1]
Ewigem Wechsel von Sturm und Frost waren die Blätter ausgesetzt.
Über sein abgerissenes Äußeres lacht jedermann,
Niemand hat Sinn für das kostbare Holz im Kern.
Ist erst einmal die Rinde gänzlich abgefallen,
Bleibt nichts zurück als das Wahre Selbst.

[1] Die „Wandlungen von Tal und Hügel" sind die Wandlungen der menschlichen Geschäfte im Lauf der Zeit.

126

Es ist ein Mensch, der lebt von roten Morgenwolken,[1]
An einem Ort, den meidet das gemeine Volk.[2]
Spricht man mit ihm, ist er aufrichtig und besänftigend,
Sein Sommer ähnelt mehr dem Herbst.[3]
Tief in der Schlucht rauscht immerfort der Bach,
Wind wispert in den hohen Föhren.
SITZT du in deren Mitte nur einen halben Tag,
Vergißt du allen Kummer deiner hundert Jahre.

1 „Von Wolken leben und im Mondlicht schlafen" ist ein poetisches Bild der chinesischen Sprache für ein Leben in äußerster Armut. Auch werden die daoistischen Unsterblichen als Wesen beschrieben, die von Tau und Wolken leben.

2 Vergleiche das *Daodejing*:

> Höchste Güte ist wie das Wasser.
> Des Wassers Güte ist es,
> Allen Wesen zu nützen ohne Streit.
> Es weilt an Orten, die alle Menschen verachten.
> Darum steht es nahe dem SINN [Dao].

3 Hanshan spielt hier an auf die großartige Beschreibung des „Wahren Menschen" im *Zhuangzi*:

> Die wahren Menschen der Vorzeit kannten nicht die Lust am Geborensein und nicht den Abscheu vor dem Sterben. Ihr Eintritt (in die Welt der Körperlichkeit) war für sie keine Freude, ihr Eingang (ins Jenseits) war ohne Widerstreben. Gelassen gingen sie, gelassen kamen sie. ... Dadurch erreichten sie, daß ihr Herz fest wurde, ihr Antlitz unbewegt und ihre Stirne einfach heiter. Waren sie kühl, so war es wie die Kühle des Herbstes; waren sie warm, so war es wie die Wärme des Frühlings. All ihre Gefühlsäußerungen waren unpersönlich wie die vier Jahreszeiten. Allen Wesen begegneten sie, wie es ihnen entsprach, und niemand konnte ihr Letztes durchschauen. (*Zhuangzi* VI.1 <R.W.>)

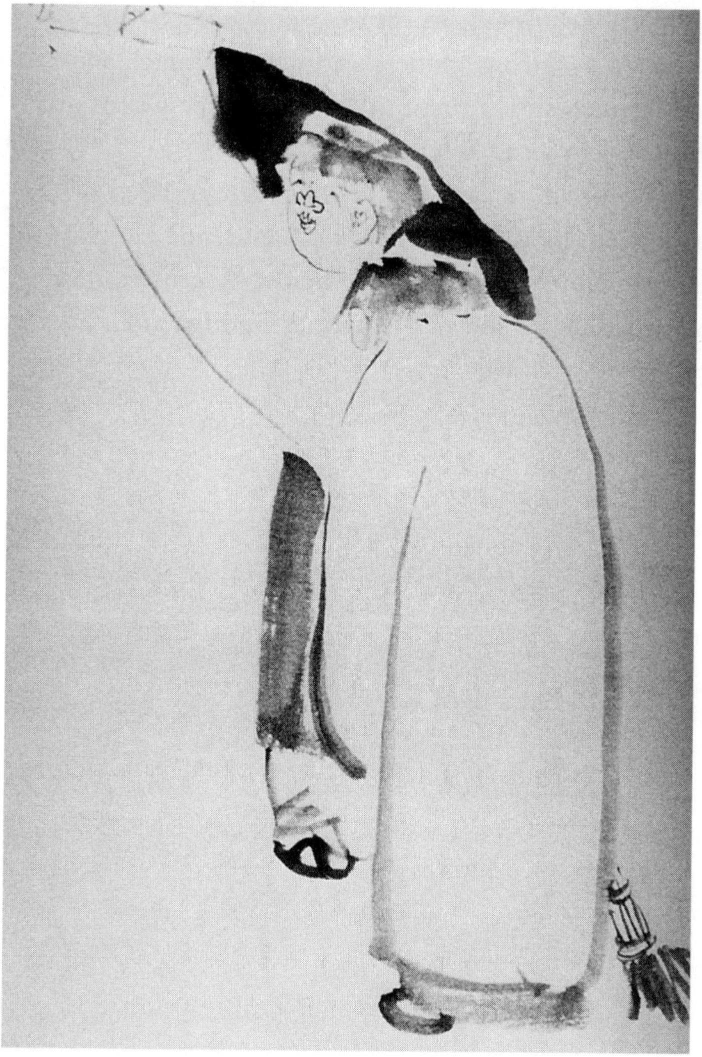

127

Es gibt zu viele Intellektuelle auf der Welt,
Die haben ausgiebig studiert und wissen einfach alles.
Doch kennen sie ihr ursprüngliches Wahres Wesen nicht
Und wandeln fern, so fern vom WEG.
Wie eingehend sie auch die Wirklichkeit erklären –
Was nützen ihn all die leeren Formeln denn?
Wenn du ein einziges Mal dein Selbst-Wesen erinnerst,
Dann tut sich dir die Einsicht eines Buddha auf.

128

Ihr eifrigen Schüler des WEGES laßt euch sagen,
Daß ihr euch ganz umsonst um Fortschritte bemüht.[1]
Des Menschen Wesen ist ein geistig Ding,[2]
Es ist kein Wort und keine Wissenschaft.
Ruf – und es antwortet unmißverständlich,
Doch wohnt's im Stillen und läßt sich nicht festhalten.
Merkt euch: Am besten könnt ihr es bewahren,
Indem ihr es durch nichts beflecken laßt!

[1] Auch wenn du alle Stufen der Bodhisattva-Entwicklung, eine nach der anderen, zur Buddhaschaft hin durchschreitest – wenn du endlich in einem einzigen Augenblick die vollkommene Verwirklichung erreichst, wirst du nur das Buddha-Wesen erfahren, das alle Zeit bei dir war. Auf allen vorangegangenen Stufen wirst du ihm nichts hinzugefügt haben. Die Äonen des Wirkens und Ansammelns werden dir dann wie unwirkliche Traumhandlungen erscheinen. Darum sagte der Tathâgata [Buddha Shâkyamuni]: „Durch die vollkommene unübertroffene Erleuchtung habe ich wahrlich nichts hinzugewonnen!" (Aus der „Aufzeichnung der Gespräche des Chan-Meisters Huangbo Duanji von Yulu")

[2] Die Welt erobern und behandeln wollen,
Ich habe erlebt, daß das mißlingt.
Die Welt ist ein geistiges Ding,
Das man nicht behandeln darf.
Wer sie behandelt, verdirbt sie,
Wer sie festhalten will, verliert sie.
(Laozi, *Daodejing* 29 <R.W.>)

129

Wer immer meine Gedichte verstehen will,
Muß reinen Sinn sich stets bewahren.
Heut Geiz und Habsucht, morgen Mäßigung,
Bald Lug und Trug und bald Wahrhaftigkeit –
Ist das verjagt, schwindet auch schlechtes Karma,
Buddha vertrauend,[1] erfahrt ihr euer Wahres Wesen.
Erlangt das Buddha-Wesen hier und jetzt,
Geschwind, geschwind, als wie Luling.[2]

[1] Die beiden ersten Wörter dieser Zeile (*guei yi* = „zurückkehren zu und vertrauen auf") sind im Chinesischen die jeweils ersten Wörter der „Dreifachen Zuflucht" (Skrt.: *sharana-gamana* oder *trisharana*), der zeremoniellen Formel, mit der man sich zum Buddhismus bekennt:

Ich nehme Zuflucht zum Buddha.
Ich nehme Zuflucht zum Dharma (Lehre des Buddha).
Ich nehme Zuflucht zum Sangha (Gemeinschaft der Buddha-Nachfolger).

[2] Luling ist ein schnellfüßiger Dämon aus dem Gefolge des Donnergottes. „Geschwind, geschwind als wie Luling" wurde von den daoistischen Magiern als Zauberformel benutzt. Die Zeile läßt verschiedene Interpretationen zu: Sie könnte gemeint sein als Mahnung im Tenor des ganzen Gedichts, auf dem Weg der Selbstverwirklichung keine Zeit zu verlieren. Sie könnte auch darauf anspielen, daß sich das Erwachen zum Wahren Wesen, der Buddha-Natur, wie eine magische Verwandlung plötzlich und in einem einzigen Augenblick vollzieht.

130

Es steht ein Wohnhaus am Hanshan,
Darinnen gibt es keine Trennwände.
Durch die Sechs Pforten[1] geht man ungehindert ein und aus,
Und von der Halle sieht man auf ins blaue Firmament.
Ein jeder Raum ist völlig leer,
Die Ostwand stößt gegen die Westwand.
Da es rein gar nichts dort zu holen gibt,
Bleib ich von Schnorrern stets verschont;
Ist es mir kalt, entzünde ich ein kleines Feuer,
Habe ich Hunger, koche ich eine Kräutersuppe.
Was kümmern mich die werten Grundherren,
Die sich für ihre großen Höfe abrackern;
Aller Besitz wird ihnen doch nur zum Gefängnis,
Einmal hineingeraten, gibt's kein Entrinnen mehr.
Darüber solltest du mal sehr gut nachdenken –
Vielleicht durchschaust du dann die Spielregeln.

[1] Die „Sechs Pforten" sind die sechs Pforten der Wahrnehmung des Buddhismus: Sehen, Hören, Riechen, Schmecken, Tasten und Denken.

131

Über Essen zu reden, macht euch nicht satt;
Von Kleidung zu schwätzen, schütz nicht vor Kälte.
Zum Sattessen braucht es schon eine Mahlzeit,
Nur in Kleider gehüllt, entgeht man dem Frost.
Ihr könnt euch nicht vom Prüfen und Bedenken lösen,
Behauptet nur, dem Buddha nachzufolgen sei unmöglich.
Kehrt den Blick ins Herz, und alsbald seid ihr Buddha –
Im Außen findet ihr ihn nie!

132

Die Quelle klar und glitzernd wie ein Edelstein,
Sehe ich tief in den Grund des Wahren Selbst.
Kein einziger Gedanke trübt mehr meinen Sinn,
Durch Myriaden Welten ist er nicht zu bewegen.
Da der Sinn nicht mehr unnötig aufgerührt,
Bleibt er zahllose Kalpas bestehe.[1]
Hast du erst dieses Wissen erlangt,
Weißt du: Es gibt nicht Innen und Außen.

[1] Ein „Kalpa" ist in der hinduistisch-buddhistischen Kosmologie ein „Weltzeitalter": die Zeit zwischen dem Entstehen und Vergehen eines Weltsystems, zwischen zwei „Weltbränden". In ununterbrochener Abfolge, ohne Anfang und ohne Ende, folgen Myriaden Weltsysteme aufeinander. Die indische Tradition gibt für die unvorstellbare Zeitdauer eines Kalpas folgendes Gleichnis:
Streicht ein Engel alle Hundert Jahre einmal mit einem Seidentuch über ein gigantisches Gebirge aus Granit, so würde es ein Kalpa dauern, das Gebirge auf diese Weise abzuschleifen.

133

Wie viele Tiantai-Zeitgenossen
Kennen den Mann vom Hanshan nicht,
Begreifen seine Wahrheit nicht
Und sagen doch: Er macht nur leere Worte.

134

Was habt ihr hier für eine prächtige Schenke –
Der Wein ist nur vom Allerbesten.
Ah, und die Banner flattern hoch im Wind,
Im weiten Umkreis gibt es nirgends ein so volles Maß.
Was denn, ihr wundert euch über den mageren Absatz?
In diesem Hause hält man wohl zu viele bissige Hunde!
Kaum kommt ein junger Bursche, einen Schluck zu nehmen
Beißt ihn ein Köter, und er läuft geschwind davon.[1]

[1] Die Parabel von den Hunden in der Schenke ist ein bekanntes Thema in der chinesischen Literatur. Dieses Gedicht spielt auf die rauhen Lehrmethoden in manchen Zen—Klöstern an. Ein buddhistischer Euphemismus für „Wein" ist „Weisheitswasser". Während ein Zen-Meister in einem Kloster sein Begreifen des Buddha-Dharma darlegte, wurde am Tempeltor eine Flagge aufgezogen. Sie sollte Vorübergehenden kundtun, daß hier Unterweisung in der Lehre des Buddha gegeben wurde.
Ersuchte ein junger Mönch in einem Zen-Kloster um Aufnahme, so wurde er zunächst barsch abgewiesen, um die Ernsthaftigkeit seines Willens zur Wahrheit auf die Probe zu stellen. Etliche der Zen-Meister der Tang-Zeit waren zudem für ihre rauhen Methoden, die Nasenstüber und Stockschläge beinhalteten, bekannt.

135

Mir scheinen manche Menschen, die der Welt entsagen,
Nicht mal die Anfangsgründe der Entsagung zu begreifen.
Wer wirkliche Entsagung kennen lernen will,
Muß sich zuerst von allen Bindungen befreien.
In völliger Klarheit ist nichts mehr dunkel und verborgen,
Dort hat man keine Stütze, ist von nichts mehr abhängig.
Ergibt man sich in den Drei Welten[1] der Zügellosigkeit,
Kann man durch alle Vier Geburten[2] keinen Frieden finden.
Wer das Nichthandeln[3] übt, alle Geschäfte ruhen läßt,
Wandert in Muße und ist wahrhaft glücklich.[4]

1 Die „Drei Welten" (Skrt.: *trailokya* oder *triloka*) sind: die Welt der sinnlichen Begierde; die Welt der Form; die formlose Welt des reinen Bewußtseins.

2 Die „Vier Geburten" oder vier Formen der Geburt sind: 1. Lebendgeburt (z. B. Säugetiere); 2. Geburt aus dem Ei (z. B. Vögel); Geburt aus Feuchtigkeit (z. B. Würmer, Fische); 4. Geburt durch Metamorphose (z. B. Schmetterling aus der Larve, Götter und Dämonen, erste Wesen in neu entstandener Welt).

3 Das Nichthandeln ist natürlich das daoistische wu wei von dem Laozi sagt:

> Wer das Lernen übt, vermehrt täglich.
> Wer den SINN [Dao] übt, vermindert täglich.
> Er vermindert und vermindert,
> Bis er schließlich ankommt beim Nichtsmachen.
> Beim Nichtsmachen bleibt nichts ungemacht.

4 „Wandern in Muße" ist der von Zhuangzi besungene Lebenswandel des Menschen, der in der Verwirklichung des Dao völlige innere Freiheit gewonnen hat. Zhuangzi sagt darüber zum Beispiel:
Darum hat der Weise ein Land, in dem er sich ergeht, und er betrachtet das Wissen als Fluch, Konventionen als Leim, Tugend als soziale Zierde und Fertigkeiten als Handelsware. Der Weise schmiedet keine Pläne, wozu also brauchte er Wissen? Er spaltet nichts, wozu also brauchte er Leim? ER hat keine Mängel, wozu also brauchte er Tugend? Er schachert nicht, wozu also brauchte er Handelsware? (*Zhuangzi* V.5)

136

Wenn ich mir ansehe, wie manche ihre Sûtras rezitieren –
Meinen, es sei genug, den Wortlaut zu beherrschen!
Der Mund bewegt sich, doch ihr Sinn wird nicht bewegt,
Ihr Mundwerk und ihr Sinn in ständigem Widerspruch.
Ein Wahrer Sinn tut anderen niemals Unrecht,
Ergibt sich nicht der sinnlichen Begierde.
Wenn sie sich selbst doch einmal prüfen würden,
Statt stets in einem anderen den Sündenbock zu suchen.
Dann könnten sie vielleicht ihr eigener Meister werden,
Wissend, daß es kein „Innen – Außen“ gibt.

137

Von Hanshan stammen diese Zeilen,
Worte, die niemand glauben mag.
Honig ist süß, und jeder schleckt ihn gern;
Unangenehm zu schlucken ist bittere Medizin.
Was ihren Neigungen genehm, ist ihnen Grund zur Freude,
Was ihren Wünschen widerspricht, ruft Haß und Ärger vor.
Doch seht euch diese Marionetten an:
Nach einem einzigen Auftritt sind sie ausgeleiert!

138

Der Ärger ist eine Flamme im Herzen,
Die leicht ein ganzes Kloster niederbrennt.[1]
Du willst dem Bodhisattva-Wege[2] folgen?
Versöhnlichkeit bewahrt dein Wahres Herz!

1 „Kloster" ist wörtlich *gongde ling*, der „Hain von Tugend und Verdienst". Dieser Ausdruck für ein buddhistisches Kloster steht manchmal auch für den Sangha, die buddhistische „Gemeinde".

2 Der „Bodhisattva" (Skrt., wörtl.: „Erleuchtungswesen") ist das Ideal des Mahâyâna-Buddhismus. Der Bodhisattva hat eine Stufe der Vervollkommnung erreicht, die es ihm ermöglichte, in das Nirvâna einzugehen. Er verbleibt jedoch in der Welt der Erscheinungen, bis sein Gelübde, alle Lebewesen zu erlösen, erfüllt ist. Mahâyâna, das „Große Fahrzeug", ist eine der drei großen Schulen des Buddhismus (Hînayâna, Mahâyâna, Vajrayâna); der Zen-Buddhismus wurzelt im Mahâyâna.

139

Tausend Leben, zehntausend Tode –
wie lange soll das währen?
Geburt und Sterben, Kommen und Gehen –
von Verblendung in Dunkelheit.
Sie sehen nicht in ihrem Herzen
das unschätzbare Juwel,
Immer noch wie blinde Esel
trotten ergeben dahin.

140

Ein echter Mann und wahrer Held,
Der handelt niemals nachlässig;
Unbeugsam und mit felsenfestem Sinn,
Wählt er die gerade Straße zur Erleuchtung.
Er hütet sich vor Abwegen,
Denn dort erfährt man sinnlos Müh und Leid.
Ohne der Buddhaschaft Früchte zu erheischen,
Weiß er der Meister seines Sinns zu sein.

141

Am Hanshan gibt es einen nackten Käfer
Mit weißem Leib und schwarzem Kopf,
Der hält zwei Schriften in der Hand,
Eine vom WEG und eine von der TUGEND.[1]
Wo er sich niederläßt, baut er nicht Herd und Kessel auf,
Reist er umher, schleppt er keine Gewänder mit.
Doch schwingt er stets das scharfe Schwert Erkenntnis,[2]
Den Räuber Sinnliche Begierde will er schlagen.[3]

1 Die Schriften vom WEG und von der TUGEND sind die beiden Abteilungen des *Daodejing*, des „Klassikers vom WEG und von der TUGEND".

2 „Erkenntnis" (Skrt.: *jñâna*) wird im Buddhismus oft mit einem scharfen Schwert verglichen, das geeignet ist, den gordischen Knoten der Verblendung zu durchhauen.

3 Die „Sinnliche Begierde" (Skrt.: *klesha*) ist ein Räuber, da sie den Mensch in die Welt der Erscheinungen verstrickt und ihn der Erkenntnis seiner Buddha-Natur beraubt.

地行不
識名和
姓大川
高陽一
酒徒癡
老隱臺
仙宴罷
淋漓襟
袖尚模
糊

142

In meiner Nachbarschaft gibt es ein Wohnhaus,
Das keinen richtigen Hausherrn hat.
Ein Grashalm nur sprießt auf dem Fußboden,
An dem ein einziger Tautropfen hängt.
Die Sechs Räuber hat eine Feuersbrunst verzehrt,[1]
Vom Wind verweht sind die schwarzen Wolken der Lust.
Gibt acht, wenn du nach einem Wahren Menschen suchst:
Die echten Perlen sind in Sackleinen gehüllt.[2]

[1] Die „Sechs Räuber" die den Menschen an die phänomenale Welt fesseln und ihn der Erkenntnis seiner Buddha-Natur berauben, sind: Die fünf Sinne (Hören, Sehen, Riechen, Schmecken, Tastsinn) und die gedankliche Wahrnehmung und Unterscheidung, die im Buddhismus als sechster Sinn gesehen wird.

[1] Meine Worte sind sehr leicht zu verstehen,
Sehr leicht auszuführen.
Aber niemand auf Erden kann sie verstehen,
Kann sie ausführen.
Die Worte haben einen Ahn.
Die Taten haben einen Herrn.
Weil man die nicht versteht,
Versteht man mich nicht.
Eben daß ich so selten verstanden werde,
Darauf beruht mein Wert.
Darum geht der Berufene im härenen Gewand:
Aber im Busen birgt er ein Juwel.
(Laozi, *Daodejing* 70 <R.W.>)

143

Willst du ein Sinnbild wissen für Leben und Tod,
So nimm zum Beispiel Eis und Wasser:
Wasser erstarrt und wird zu Eis,
Eis schmilzt und wandelt sich zurück in Wasser.
Was einmal starb, muß sicher wieder leben,
Und was geboren ward, das kehrt zurück zum Tod.
Wasser und Eis die tun sich nicht weh –
Ins Leben wie zum Tod zu kehren ist beides gut!

144

Über dem Gipfel des Hanshan
eine einsame Mondscheibe,
Durchleuchtet das transparente All,
da gibt es kein einziges Ding.
Halte in Ehren das natürliche Juwel[1]
von unschätzbarem Wert,
Das verborgen liegt in Fünf Eigenschaften[2],
eingesunken ins Fleisch.

1 „Natürlich", chin.: *tianran*, impliziert die Begriffe „innewohnend, angeboren, essentiell".

2 Zu den „Fünf Eigenschaften" oder „Fünf Daseinsfaktoren" sagt der buddhistische Gelehrte Edward Conze:
Nach der buddhistischen Lehre besteht der Mensch ... mit allem, was zu ihm gehört, aus fünf Gruppen von Daseinsfaktoren, den Skandhas. Diese sind: Der Körper, Sinne oder Körperliches *(rûpa)*; Empfindung *(vedanâ)*; bestimmte Wahrnehmungen, Vorstellungen usw. *(samjñâ)*; Triebkräfte *(samskâra)*; Bewußtsein *(vijñâna)*. Alles, was ein Mensch ergreifen, worauf er sich stützen, was er sich zu eigen machen kann, fällt notwendig unter eine dieser Gruppen, die den Stoff oder Inhalt der Individualität ausmachen. (Edward Conze, *Der Buddhismus*, Stuttgart: Kohlhammer, 1953)

145

Auch die Fünf Gipfel sind nichts anderes als Staub;
Sumeru ist ein Berg von einem Zentimeter Höhe,[1]
Der große Ozean ist bloß ein Tropfen Wasser –
Mit einem Atemzug ziehst du sie in den Wesensgrund.
Wir wachsen alle als des Bodhi-Baumes Samen auf,
An jedem Ort befindet sich des Himmels Zentrum.[2]
In Worten seid ihr alle Anhänger des WEGES –
Gebt acht, daß ihr euch nicht in die Zehn Bindungen verstrickt![3]

[1] Die „Fünf Gipfel" (wuyo) sind die fünf heiligen Berge Chinas. „Sumeru" siehe Anmerkung zu Nr. 4.

[2] Der „Bodhi-Baum" ist der Baum, unter dem Shâkyamuni Buddha, der historische Buddha, seine große Erleuchtung erfuhr (Skrt.: *bodhi* = Erwachen); „"des Himmels Zentrum", wörtl.: „des Himmels innerster Himmel" ist nicht in einer fernen, „jenseitigen" Welt zu suchen, sondern nach der Lehre des Buddhismus jederzeit hier und jetzt zugänglich.

[3] Die „Zehn Bindungen", die den Menschen an seine Sterblichkeit binden, sind: Schamlosigkeit, Frechheit, Neid, Bösartigkeit, Bedauern, Trägheit, Geschäftigkeit, Grübelei, Ärger, Zurückhaltung (von der Sünde).

146

In meiner Hütte gibt es eine Grube,
Und in der Grube da ist einfach Nichts.
Fleckenlos ein, von erhabener Leere,
Herrlicher Glanz, heller als Sonnenschein.
Ein Mahl von Gemüse erhält diesen nichtigen Körper,
Ein grobes Leinenkleid umhüllt meine Schein-Substanz.
Laßt ihr auch tausend Heilige vor mir erscheinen:[1]
Ich habe die himmlische Buddha-Natur.

[1] „Laßt ihr auch tausend Heilige vor mir erscheinen“ – damit sie überprüfen, ob ich wahrhaftig die Erleuchtung erlangt habe.

147

Grüner Wildbach – klar der Quelle Wasser,
Kalter Berg – weiß des Mondes Hof.
Schweigende Erkenntnis, der Geist von selbst erleuchtet,
Die Leere schauend, geht Wahn in Stille über.

148

Nun habe ich nur noch ein einziges Kleid[1],
Das ist nicht aus Gaze und auch nicht aus Seide.
Solltet ihr fragen: Was ist seine Farbe?
Es ist nicht lila und ist auch nicht rot.
Im Sommer trage ich es als ein Hemd,
Nehm es im Winter mir zur Decke;
Winters wie Sommers brauch ich es abwechselnd –
Jahrein und Jahraus: Nur dies!

[1] Das *eine* Kleid ist ein Bild für die nonduale Wirklichkeit des Buddha-Wesens.

149

Den Mann vom Kalten Berg
Wird es für immer geben.
Er ganz alleine lebt
Ohne Geburt und Tod.

150

Hast du die Hanshan-Gedichte im Haus?
Sie sind besser für dich als Sûtra-Lesen.
Auf einen Wandschirm schreibe sie dir,
Wirf ab und zu einen Blick darauf!

Fenggan

Wie viele Myriaden Kreisläufe habe ich wohl durchlaufen,
Seit ich einst hier zum Tiantai kam?
Mein Körper ist wie Wolken und Wasser[1]
Zu endlosem Kommen und Gehen bestimmt.
Wandernd in Muße, mit vollkommener Gelassenheit,
In Frieden mit der Welt – erhaben ist der Buddha-Weg.
Der Welt Geschäfte führn deinen Sinn auf Irrwege –
Wie tief verstrickt sind alle Lebewesen in Sinnliche Begierde!
Gluck-Gluck! versinken sie im Ozean der Ausschweifung,
Haltlos getrieben, kreisen sie durch die Drei Welten.
O welch ein Jammer, daß ihr eines Wahres Wesen
Seit undenklicher Zeit vom Wahn begraben liegt!
Plötzliches Gleißen eines Blitzstrahls läßt erkennen:
Leben und Tod sind nichts als wirbelnder Staub.
Manchmal macht sich Hanshan auf und kommt mich besuchen,
Und auch Shide der kommt und geht, wie's ihm gefällt.
Erörtern wir den Menschengeist, dann sprechen wir vom hellen Mond,
Der Weltenraum – offene Weite ohne Hindernis.
Die Dharma-Welt hat keine Grenzen,
Allüberall herrscht das Eine Gesetz.

[1] *Yunshui*, „Wolke und Wasser", nennen sich die wandernden buddhistischen Mönche. Das ganze Gedicht ist voller Anspielungen auf die Dharma-Welt, die Welt der Erleuchtungen, die einzeln aufzuzählen die Freude des Lesers an dem Gedicht eher schmälern als vergrößern würde.

Shide

Hanshan ist aus sich selbst Hanshan;
Shide ist aus sich selbst Shide.
Alle die Narren, wie sollten sie das wissen,
Fenggan jedoch hat uns erkannt.
Wer uns ansieht, kann uns nicht sehen,
Wer nach uns sucht – wo könnte er uns suchen!
Was glaubt ihr wohl, woher das kommt?
Ich sage euch: Das ist die Macht des Nichthandelns.

Abbildungsquellen

Frontispiz — „Hanshan“, Kalligraphie des japanischen Zen-Meisters Yamada Kôun Rôshi (20. Jh.) für diese Übersetzung.
Kalligraphien S. 23 und 24 — Huang Dingjian (China, 11. Jh.): „Gedichte aus dem Hanshan shi“, Sammlung John M. Crawford, New York City.
Kalligraphie S. 119 — Hannyakutsu Gempo Rôshi (Japan, 19./20. Jh.): „Weiße Wolken umhüllen dunklen Fels“, Privatbesitz Yamada Kôun Rôshi, Kamakura.

S. 15 — Yan Ciping (China, 13. Jh.): „Bodhidharma sitzt in Versunkenheit vor einer Felsenklippe“, The Cleveland Museum of Art, John L. Severance Fund.
S. 21 — Yan Hui (China, 14. Jh.): „Shide [links] und Hanshan“ (Paarrollen), Tôkyô Nationalmuseum, Tôkyô.
S. 37 — Gibon Sengai (Japan, 1750-1836): „Hanshan und Shide“, Idemitsu Museum, Tôkyô.
S. 49 — Anonymus: „Hanshan, zum Mond aufblickend“ (China, 14, Jh.), Ehemals Yabumoto, Tôkyô.
S. 57 — Anonymus: „Hanshan“ (Detail); Aufschrift von Huyan Jingfu (China, 13. Jh.), Seikadô, Tôkyô.
S. 75 — Anonymus: „Heimkehrender Holzfäller“; Aufschrift von Pingshan Chulin (China, 1281-1361), Sammlung Minoru Hosomi, Ôsaka.
S. 85 — Anonymus: „Hanshan“, Aufschrift von Huyan Jungfu (China, 13. Jh.), Tokiwayama Bunko, Tôkyô.
S. 91 — Shen Zhou (China, 15. Jh.): „Dichter im Gebirge“, Nelson Gallery – Atkins Museum, Nelson Fund, Kansas City, Missouri.
S. 125 — Anonymus: „Hanshan“ (Detail); Aufschrift von Yishan Yining (China, 13./14. Jh.), Atami Museum, Atami.
S. 135 — Liang Kai (China, 13. Jh.): „Landschaft“, Sammlung John M. Crawford, New York City.
S. 151 — Anonymus: „Hanshan, Shide und Fenggan auf dem Tiger“ (China, 14. Jh.), Staatliche Museen Preußischer Kulturbesitz, Museum für Ostasiatische Kunst, Berlin.
S. 161 — Gibon Sengai (Japan, 1750-1836): „Hanshan und Shide“ (Detail), Idemitsu Museum, Tôkyô.
S. 177 — Liang Kai (China, 13. Jh.): „Daoistischer Unsterblicher“, Palast Museum, Taipeh.
S. 187 — Reisei (Japan, 15. Jh.): „Hanshan“, Daitokyû Kinen Bunko, Tôkyô.
S. 191 — Itô Jakuchû (Japan 1716-1800): „Hanshan und Shide“, Besitzer unbekannt.

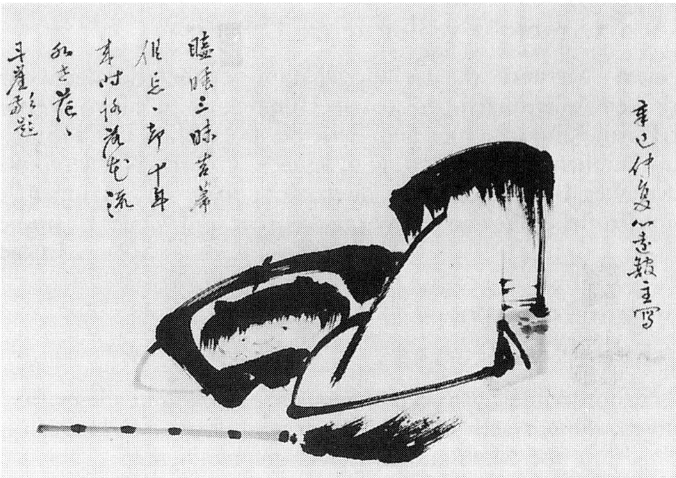

Zum Weiterlesen

Patrul Rinpoche: Die Worte meines vollendeten Lehrers

„In einem Meisterwerk, das überschäumt von tiefgründigem Wissen, praktischen Anleitungen, trockenem Humor und sublimen Weisheiten, fängt Patrul Rinpoche hier den Geist des tibetischen Buddhismus und seiner mündlichen Überlieferung in seiner Gänze ein. Niemand, der sich für den Weg des Buddhismus interessiert, sollte es versäumen, dieses außerordentliche Buch zu lesen und es wieder und wieder zu studieren."

SOGYAL RINPOCHE

Chögyam Trungpa: Erziehung des Herzens

95 herausfordernde Losungen stehen im Mittelpunkt dieses Buches – Losungen, die seit acht Jahrhunderten von tibetischen Lehrern in der Unterweisung von Meditationsschülern genutzt werden.

Chögyam Trungpa versteht es, uns die Prinzipien und Praktiken der tibetischen Lojong und Tonglen-Praxis in einer zeitgemäßen Form nahezubringen.

Myla & Jon Kabat-Zinn: Mit Kindern wachsen

In diesem richtungsweisenden Buch zeigen Myla und Jon Kabat- Zinn, daß das Leben mit Kindern ein eigener Weg von ungeahnter Tiefe und Erfüllung sein kann.

Jon Kabat-Zinn: Stressbewältigung durch die Praxis der Achtsamkeit

Dieses Buch mit CD enthält eine Anleitung zur Achtsamkeitsmeditation und zum Body-Scan, wie sie von Dr. Jon Kabat-Zinn in der Stress Reduction Clinic entwickelt wurden.

Informationen zu diesen und zu weiteren Veröffentlichungen aus dem Bereich Buddhismus und Vipassana-Meditation, zu Veranstaltungen und zu Retreats erhalten Sie direkt beim Verlag oder im Internet unter:

www.arbor-verlag.de
Leseproben, aktuelle Informationen, Links und Buchshop

Arbor Verlag • D-79348 Freiamt
Fax: 07641.933 781 • info@arbor-verlag.de

arbor